いのちに向かって共に／教会

現代世界エキュメニカル運動における二大重要文書

Together Towards Life / The Church

World Council of Churches : WCC

WCC 世界教会協議会
世界宣教伝道委員会・信仰職制委員会［編］
西原廉太［監訳］
村瀬義史、橋本祐樹［訳］

キリスト新聞社

目次

いのちに向かって共に

――変化する世界情勢における宣教と伝道のあり方

村瀬義史 訳

宣教と伝道に関するＷＣＣの新しい宣言

二〇〇六年に開催されたポルト・アレグレ総会以降、世界教会協議会（ＷＣＣ）世界宣教伝道委員会（Commission on World Mission and Evangelism: CWME）は、宣教に関する新しいエキュメニカルな共通理解の探究を進めてきた。本文書はその成果であり、二〇一三年に釜山で開催されるＷＣＣ第一〇回総会において世界の教会に提示される。一九六一年のＷＣＣニューデリー総会において、国際宣教協議会（ＩＭＣ）と世界教会協議会（ＷＣＣ）が統合されて以降、宣教と伝道に関するＷＣＣの公式見解を表明する文書は、一九八二年の中央委員会で採択された『宣教と伝道――エキュメニカルな宣言』のみであった。以来、約三〇年ぶりとなるこの新たな声明文は、二〇一二年九月五日にギリシアのクレタ島で開催されたＷＣＣ中央委員会で満場一致で採択された。このエキュメニカルな共同の洞察は、数十年前とは大きく変化している世界情勢の中で、宣教・伝道についての新しい理解と実践を見出すためのビジョン、理念、方向性を論じている。また本文書は、すべてのキリスト者が、いのちの神に導かれていのちの豊かさを求めて共に献身することを願って、ＷＣＣ加盟教会および関連宣教団体のみならず広く全教会に向けて語りかけている。

序論　いのちに向かって共に

1

「私たちは、すべてのいのちを創り、贖い、支える三位一体の神を信じる。神は世界全体《オイクメネー》を神にかたどって創り、いのちを祝福し守るために、絶え間なくこの世界で働いておられる。私たちは、世のいのちであり、神のこの世に対する愛の受肉であるイエス・キリストを信じる（ヨハ三・一六）(1)。充ち満ちたいのちを確かなものとすることが、イエス・キリストの最たる関心であり、使命である（ヨハ一〇・一〇）。私たちは、いのちを保ち、力づけ、さらに被造世界全体を刷新するいのちの与え主、聖霊なる神を信じる（創二・七、ヨハ三・八）。いのちの否定は、いのちの神を拒否することである。神は、三位一体の神による、いのちを与える宣教へと私たちを招き、新しい天と地においてすべての被造物に与えられる、豊かないのちの幻を証しすることができるよう、私たちに力を与えてくださる。

今日、私たちを神ご自身の宣教に参与せしめる、いのちを与える神の働きを、どのように、そしてどこで見出すことができるだろうか。

2

宣教は、三位一体なる神ご自身に源をもつ。聖三位格を一つに結び合わせている愛が、全人類と被造物に注がれるのである。そして御子を世に遣わされた宣教する神は、すべての神の民を招き（ヨハ二〇・二一）、希望の共同体になるよう彼らを力づける。教会は聖霊の力においていのちを祝い、いのちを脅かすあらゆる勢力に抵抗してこれを変革するよう委ねられているのである。神の御国の到来を活きた形で証しする者となるために、聖霊を受けること（ヨハ二〇・二二）が教会にとって不可欠である。

聖霊による宣教を改めて認識することによって、変化と多様性に富む今日の世界における「神ご自身の宣教」をどのように捉え返すことができるだろうか。

3

聖霊におけるいのちが、宣教の本質的要素である。それを核心として、私たちの実践の目的や、私たちの生き方が決定づけられる。スピリチュアリティ（spirituality）が、私たちの暮らしに最も深い意味を与え、私たちの活動に力を吹き込む。それは創造主からの聖なる賜物であり、いのちを肯定し、ケアするための力なのである。この宣教的スピリチュアリティは、人々の信仰的献身によって、神の恩寵において世界を変革できる力を持っている。

私たちはどのようにして、宣教を、いのちを肯定する変革の力をもつスピリチュアリティとして認識し直すことができるだろうか。

4

神は、ただ人類の救いのためだけに御子を遣わしたのではない。また、神が私たちに与えてくださったのは部分的な救いではない。福音とは、被造物のあらゆる部分、また、私たちの暮らしや社会のすべての側面に関わるよき知らせなのである。それゆえ、神ご自身の宣教を全宇宙的な意味で把握すること、そして、すべてのいのちと全世界を、神が創造されたいのちの広がりの中で相互に結び合わせられているものとして認識することが肝要である。

　地球の未来に対する今日の様々な脅威は、神ご自身の宣教に私たちが参与する上でどのような意味を持っているだろうか。

5

現代に至るキリスト教宣教の歴史は、キリスト教世界を中心として、そこから「未到達の地」つまり地の果てへと拡げる地理的拡大を特色とするものであった。しかし今日のキリスト教は、かつてと比べて大きく変化した「世界のキリスト教」と言える姿を示している。そこでは、キリスト者の大多数が、南半球もしくは東半球の人々、もしくはその地域の出身者なのである[2]。移住は全世界的かつ多方向的な現象になっており、キリスト教の形勢を大きく変化させている。また、多様な地域性をもつ力強いペンテコステ派とカリスマ運動の興隆が、今日のキリスト教会に見られる最も顕著な特徴の一つになっている。

この「キリスト教の地殻変動」は、宣教と伝道、その神学や課題や実践に対して、どのような意味を持っているのだろうか。

6

宣教は、中心から辺境へと、そして特権のある者から社会的に周縁にいる者へと向けられた活動と理解されてきた。しかし現在、周縁にいる人々が、宣教の担い手として自らの重要な役割を自覚し、変革としての宣教を担いつつある。宣教上の役割のこうした逆転には、確かな聖書的根拠がある。神は、いのちを豊かにするご自身の正義と平和の宣教を推進するために、貧しい者、愚かな者、力なき者を（Ⅰコリ一・一八―三一）選ばれるのである。

「周縁への宣教」という宣教の概念が「周縁からの宣教」へと転換しているとすれば、周縁の人々による独特の貢献とはどのようなものであろうか。彼らの経験や視点が、なぜ、今日の宣教と伝道を再検討する上で不可欠なのであろうか。

7

私たちは、拝金主義が福音への信頼を揺るがしている時代を生きている。グローバルな市場が際限のない成長を通して世界を救う、という考え方が市場イデオロギーによって流布されている。この神話は人々の経済的生活のみならず精神的生活を脅かすものであり、それは、人類だけでなく被造世界全体に対する脅威である。

グローバルな市場の中で、私たちはどのようにして福音と御国の価値観を告げ知らせ、市場的精神で生きている人々を捉えてゆけるだろうか。世界的規模で起こっている経済的・生態的な不正と危機のただ中で、教会はどのような宣教的行動をとるべきなのであろうか。

8

すべてのキリスト者、各個教会、教派は、救いのよき知らせであるイエス・キリストの福音の活き活きとした伝達者になるよう召されている。伝道とは、自信に満ちて、しかし謙虚に、他者と自らの信仰と確信を共有することである。そのような共有は、他者にとって、イエスにおける愛と恵みと神の憐れみを告げ知らせる贈り物である。伝道は、本物の信仰がもつ必然的な果実である。それゆえ教会は、どのような時代にあっても、神の愛を世界に伝える一つの本質的な方法である伝道に対する献身の思いを新たにすべきである。

個人主義的で、世俗的で、物質主義的な世界に生きる現代人に向かって、神の愛と正義を、私たちはどのように告知できるだろうか。

9

教会は、宗教多元的・文化多元的状況の中で生きている。また、新しい通信技術によって、世界の人々は、互いのアイデンティティや関心事をますます認識するようになっている。各地域でも国際的にも、キリスト者たちは、異なる宗教・文化に生きる人々と共に、愛と平和と正義のある社会を築いてゆくことが求められている。そのような多元的状況は教会への挑戦であり、宗教間対話や多文化交流への真剣な取り組みは不可欠である。

　多様な宗教と文化が存在する世界における共同の証し、そして、いのちを与える宣教の実践に関して、エキュメニカルに共有される基本的な考え方はどのようなものであろうか。

10 教会は、世界の御国への変革を担う、世界に与えられた神の賜物である。教会の使命は、新しいいのちをもたらし、世界における愛の神の存在を告知することである。私たちは、一致して、私たちの間にある分裂と緊張を克服して、神ご自身の宣教に参与しなければならない。それは、世の人々が信じるようになるためであり、すべての人が一つになる（ヨハ一七・二一）ためである。キリストの弟子の交わりである教会は、包摂的な共同体になり、世界に癒しと和解をもたらすために存在しなければならない。

　教会は、どのようにしてその宣教的性格を新たにし、いのちの充溢に向けて前進することができるだろうか。

11 この声明文は、三一なる神の宣教（ミッシオ・デイ）における「聖霊の宣教」に関する理解をめぐって、世界宣教伝道委員会の活動を通して見出された重要な諸側面に光を当てている。このことは本文書の各セクションの表題に示されている通りである。

宣教の霊――いのちの息吹
解放の霊――周縁からの宣教
共同体の霊――躍動する教会
ペンテコステの霊――天地万物のための福音

これらの諸点を考察する中で、「ダイナミズム」、「正義」、「多様性」、「変革」という、変わりゆくこの時代における宣教についての鍵概念が浮かび上がってくるであろう。そして本文書の終わりには、右記第1項から第10項の問いに応答する形で、今日の宣教・伝道に向けた10項目の宣言が結びとして述べられている。

1　宣教の霊――いのちの息吹

聖霊による宣教

12
天地創造の時、水の面を動いていた神の霊（ルーアッハ）は（創一・二）、いのちと人間の息の源である（創二・七）。ヘブライ語聖書によれば、知恵を授け（箴八章）、預言を強め（イザ六一・一）、枯れた骨にいのちを吹き込み（エゼ三七章）、夢を喚起し（ヨエ三章）、神殿における主の栄光として刷新することで（代下七・一）神の民を導くのは聖霊である。

13
創造の時に「水の面を動いていた」のと同じ神の霊がマリアに降り（ルカ一・三五）、イエスを誕生させた。洗礼においてイエスに力を与え（マコ一・一〇）、宣教活動へと送り出したのも聖霊であった。神の霊に満たされて、イエスは十字架上で死んだ。彼は霊を神にゆだねた（ヨハ一九・三〇）。死において、墓の冷たさの中で、聖霊の力によって彼はいのちへとよみがえらされ、死者の中から最初に復活した方となられた（ロマ八・一一）。

14
復活後、イエスは彼の共同体に姿を現し、「父がわたしを遣わしたように、わたしもあなたがたを遣わす」（ヨハ二〇・二一―二二）と、弟子たちを宣教に送り出した。「高い所からの力」である聖霊の賜物によって、弟子たちは、キリストにおける希望を証しする新しい共同体にされた（ルカ二四・四九、使一・八）。一致の霊において、初代教会の信者たちは共に生き、持ち物を分かち合った（使二・四四―四五）。

15 被造世界における聖霊の摂理の普遍的広がりと、個別的な贖いという聖霊の働きは、いずれも、神が究極的に「すべてにおいてすべて」（Ⅰコリ一五・二四―二八）となられる新しい天と地をめざす、聖霊による宣教として理解されるべきである。世界における聖霊の働きは、時に私たちには不可解で、私たちの想像を超える形で遂行されているのである（ルカ一・三四―三五、ヨハ三・八、使二・一六―二一）。

16 聖書の証言は、聖霊の宣教的役割に関する多様な見方を示している。たとえば、キリストが御父の元に去った後に助言者および弁護者として来臨する「パラクレートス」として、キリストに全く依拠する聖霊の姿を強調する立場である。ここでは、聖霊は、キリストの継続的臨在のしるしとして、宣教の使命を完成に至らせるイエスの代理者として考えられている。こうした理解は、派遣と前進に力点を置く宣教論を導き出す。それゆえ、聖霊論的なキリスト教宣教における一つの焦点は、宣教が本質的にキリスト論的な基盤を持っており、聖霊の働きがイエス・キリストによる救いと不可分であることを認識するものである。

17 他方、「真理の霊」（ヨハ一六・一）として私たちをまったき真理に導く、また、望むままに吹いて（ヨハ三・八）宇宙全体を包んでいる聖霊の姿を強調する立場もある。ここでは、聖霊をキリストの源泉として、また教会を御国における神の民の終末論的な集いとして指し示す。この立場においては、聖餐において終末における御国を前触れとして体験した信仰者たちが、平和を携えて（宣教のうちに）世界へと出てゆくものと考えられている。それゆえ、前進としての宣教は、教会の出発点であるというよりはむしろ結果であり、「礼拝式の後の礼拝」と呼ぶべきものなのである[3]。

18 明らかなのは、私たちが聖霊によって、三位一体なる神のいのちの核心である愛の宣教に参与するということである。このことは、イエス・キリストを通じた神の救いの力を絶え間なく告げ知らせるとともに、被造世界全体に神が聖霊を通してダイナミックにかかわっておられることを常に表明する、キリスト教的な証しに結実する。神の愛に応答する者はすべて、神の宣教における聖霊の働きに加わるよう導かれるのである。

宣教と被造世界の豊かさ

19
宣教は、三位一体なる神の限りない愛の溢れである。神の宣教は、創造の業によって開始された。被造物のいのちは、神のいのちと切り離せない関係にある。神の霊の宣教は、与えつくす恵みの業に私たちを招き入れる。それゆえ、私たちは、人間を中心とする狭い考え方を超えて、すべての造られたいのちある存在と私たちとの調和的関係を示す宣教のあり方を採るよう召されている。私たちは、貧しい人々の叫びに耳を傾ける中で大地の叫びを聞くのであり、初めの時から、大地が人間の不正義のゆえに神に向かって叫んでいることを知るのである（創四・一〇）。

20
被造世界を中心に据えた宣教は、環境に関する正義や持続可能なライフスタイルを求める運動、そして地球環境を尊ぶ精神性を育む活動を通して、すでに諸教会において進められてきたものである。しかしながら、私たちが求めるべき和解による一致（Ⅱコリ五・一八―一九）に、全被造物との一致も含まれていることを私たちは時々忘れてしまっている。地球は滅んでゆくが魂だけは救われる、などと私たちは信じていない。地球も私たちの身体も共に、聖霊の恵みによって変革させられなければならない。イザヤ書とヨハネの黙示録の幻が示すように、天と地が新たにされるのである（イザ一一・一―九、二五・六―一〇、六六・二二／黙二一・一―四）。

21

宣教への私たちの参与、被造世界における私たちのあり方、そして、聖霊に導かれる私たちの日常的な実践は、互いに結合されなければならない。それらの三要素は互いに変革し合うからである。私たちは、他を除いて一つだけ探求しようとすべきではない。もしそうならば、私たちは個人主義的なスピリチュアリティに閉じ込められ、自分たちが隣人に属することなく神に属しているという誤った信念を抱き、自分以外の被造世界が痛みうめいているのを無視して自らの快楽にだけ浸るようなスピリチュアリティに陥ってしまうのである。

22

神の霊による宣教を謙虚に担うための新しい悔い改め（メタノイア）が求められている。私たちは、宣教を、人間が他の存在に対してなす事柄として理解し、実践しがちである。しかし、他のあらゆる被造物と一体になってこそ、人間は創造者の御業を祝うことができるのである。被造世界も、多くの点で人類に対する宣教を担っている。たとえば、自然世界は人間の心身を癒す力を持っているのである。旧約聖書の知恵文学は、被造世界が創造主を賛美することを認識している（詩一九・一―四、六六・一、九六・一一―一三、九八・四、一〇〇・一、一五〇・六）。創造主の喜びと創造の業への驚嘆は、私たちのスピリチュアリティの一つの源泉なのである（ヨブ三八―三九章）。

23
私たちと被造世界は宗教的に深く結び合わせられているが、現実には、大地は汚染され搾取されている。消費主義が、無限の成長をもたらすどころか、地球資源の終わりなき搾取を引き起こしている。人間の強欲は、温暖化や他の形の気候変動の一因である。この動向が持続し、地球環境が甚だしく破壊されていくとすれば、私たちは救いをどのようなものであると考えるのだろうか。他の被造世界が消滅してゆく一方で、人類だけが救われるということはありえない。環境における正義は、救いと切り離せないのである。そして、地球上のあらゆるいのちのニーズを尊重する新しい謙虚さなしに、救いはあり得ないのである。

聖霊の賜物と識別

24
聖霊は自由に、分け隔てなく賜物を与える（Ｉコリ一二・八―一〇、ロマ一二・六―八、エフェ四・一一）。それらは他者を造り上げるために（Ｉコリ一二・七、一四・二六）、そして全被造物の和解のために（ロマ八・一九―二三）共有されるべきものである。聖霊の賜物の一つは、識別の霊である（Ｉコリ一二・一〇）。被抑圧者の解放、壊れた共同体の癒しと和解、被造物の回復など、充ち満ちたいのちが包括的に実現されるところで、私たちは神の霊を見出す。私たちはまた、死といのちの破壊があるところに悪しき霊を見出すのである。

25 今日の多くのキリスト者と同様、初期のキリスト者たちは、多種多様な〝霊〟の存在する世界を生きていた。新約聖書は、「奉仕する霊」（ヘブ一・一四）、「支配」や「権威」（エフェ六・一二）、「獣」（黙一三・一―七）、その他の諸力など、悪いものも含めて多様な霊について語っている。使徒パウロも霊的な格闘について語っており（エフェ六・一〇―一八、Ⅱコリ一〇・四―六）、悪魔への抵抗を命じている（フィリ四・七、Ⅰペト五・八）。教会は、世界に遣わされているいのちを与える霊の働きを識別するよう、そして聖霊と共に神の正義ある統治をもたらすよう召されている（使一・六―八）。聖霊の存在を見出す時、私たちは、神の霊が時には根本的に変革をもたらすものであり、境界線を越えて私たちを導くものであり、私たちを驚かせるものであることを承知しつつ、応答することが求められるのである。

26 三位一体の神と私たちとの出会いは、ある人には内面的な経験であったり、個人的あるいは集団的な経験であったりするだろうが、この出会いは、外へと向かう宣教的な活動へと私たちを押し出すものである。聖霊の伝統的なシンボルや呼び名（炎、光、雫、泉、油そそぎ、いやし、溶かし、あたため、やわらげ、なぐさめ、力、休息、みそぎ、輝き）は、聖霊が、私たちの生活になじみあるものであり、被造世界、いのち、人や事物との関係のすべての側面に密接に関係していることを示している。聖霊は私たちを多様な状況に、他者との出会いの場に、そして人間の格闘における決定的な場へと導くのである。

27
聖霊は知恵の霊であり（イザ一一・三、エフェ一・一七）、まったき真理へと私たちを導く（ヨハ一六・一三）。聖霊は、人類の文化と創造性に力を吹き込むのである。それゆえ、あらゆる文化や社会的・歴史的状況の中にいのちを与える知恵を見出し、これを尊重し、協力することは、私たちの宣教において重要である。私たちは、植民地主義と結びついた宣教活動が、しばしば諸文化を抑圧し、現地の人々の知恵を認識してこなかったことを残念に思う。各地にあるいのちを支える知恵と文化は聖霊の賜物なのである。神学者や科学者が軽視し、見下してきた伝統に属する人々の証言を、私たちは真剣に取り上げる。彼らの知恵は、しばしば私たちに力を与え、時には新しい方向性を与えるものなのである。それは、被造世界において働く聖霊のいのちに私たちを再び結びつけ、私たちが、被造世界において神がどう啓示されているかを考えることを助けるのである。

28
聖霊が私たちと共にいる、と言う時に問われるのは、他者が私たちの生活の内に聖霊の存在を認識できるかどうかである。使徒パウロは、聖霊の結ぶ実――愛、喜び、平和、寛容、親切、善意、誠実、柔和、節制（ガラ五・二二―二三）――を実らせるよう教会を励ましつつこのことを伝えている。私たちがこの実りを結ぶ中で、聖霊の愛と力が働いていることに他者が気づいてくれることを願うものである。

変革のスピリチュアリティ

29 キリスト教の証しは、宣教において何をなすかということだけではなく、どう宣教を生きているか、という点において現される。宣教に生きる教会は、三位一体の愛の交わりに深く根ざすスピリチュアリティによってのみ維持されうる。スピリチュアリティが、私たちの生活に最も深い意味を与えるのである。また、日々の歩みに刺激と活気とダイナミズムを与える。スピリチュアリティは、充ち満ちたいのちのためのエネルギーであり、いのちを否定し破壊し弱めるような勢力、権力、体制に抵抗するための献身を呼び覚ますのである。

30 宣教のスピリチュアリティは、常に変革的なものである。それは、経済や政治においてであれ、教会においてであれ、いのちを破壊するすべての諸価値や諸体制に抵抗し、それらの変容を求める。「私たちの神への忠実、そして、神が無条件に与えてくださるいのちの恵みは、今日の世界の経済的秩序における偶像崇拝的な前提、不公正な体制、抑圧的・搾取的な政治と対決することへと私たちを突き動かす。経済とその正義は、常に、被造世界に対する神の意志の中心に位置する信仰の課題なのである[4]」。宣教のスピリチュアリティに突き動かされて、私たちはマモン（富）ではなく神のいのちの摂理に仕え、個人の欲望を満足させるよりも神の食卓でいのちを分かち合い、現状維持を望む権力者の自己保存欲に挑戦して、よりよい世界への変化を求めるのである。

31

イエスは、「神とマモンとに仕えることはできない」（マタ六・二四、ＫＪＶ）と言われた。グローバルな自由市場の支配を通じた無制限の成長を目指す政策は、貧しい者や自然界の果てしない犠牲を必要とし、しかもこれに替わる方法はないかのように主張するイデオロギーである。「それは、富と財産を産み出すことで世界を救うことができるという誤った約束をなし、人間生活のすべてを支配し完全な忠誠を要求するところの偶像礼拝に至らせる[5]」。これは終わりなき搾取を通じて、裕福な人々や権力を持つ人々だけの財産の無制限の成長を守ろうとする、マモンの世界的な体制なのである。この強欲の塔が、神の家全体を脅かしている。神の国は、マモンの帝国に真っ向から対立するものなのである。

32

変革は、復活の神秘の光のもとで理解されるべきものである。「わたしたちは、キリストと共に死んだのなら、キリストと共に生きるようになる。耐え忍ぶなら、キリストと共に支配するようになる」(Ⅱテモ二・一一―一二)。抑圧や差別を受け、傷つけられる状況の中で、キリストの十字架は、救いのための神の力である(Ⅰコリ一・一八)。今日でも、一部の者たちはキリスト者としての証しのために生命を落としており、キリストの弟子であることがどれほど覚悟を要することかを知らしめている。聖霊は、迫害や殉教に直面してもなお、自分たちの確信を生き抜くようキリスト者を励ますのである。

33 十字架は、宣教や教会における権力の乱用や誤った力の行使に対して悔い改めを迫っている。「教会と世界を引き裂き苦しめる権力の不均衡によってかき乱されている私たちには、悔い改めと権力体制の批判的検証、そして権力構造の適切な行使が求められているのである」(6)。聖霊は力なき者を力づけ、権力ある者には、力を奪われた人々のために自分たちの特権を放棄するよう挑むのである。

34 聖霊におけるいのちの経験とは、充ち満ちたいのちを味わうことである。聖霊が生み出し続けているあらゆるものを祝いつつ、また、絶望と不安の大河を渡るために(詩一二三編、イザ四三・一―五)連帯して歩みつつ、いのちへと至る運動を証しするよう私たちは召されている。聖霊が生活の全側面において私たちのあり方に問いを投げかけ、私たちの個別のあるいは共同の歩みに新しさと変革をもたらすということを、宣教を通して私たちは再認識するのである。

35 聖霊は伴侶として、私たちと共にある。しかし、聖霊は決して私たちが思うように利用したり、「飼い慣らし」たりできるものではない。意外にも、神は聖霊を通して、周縁と思われる場所から、また、排除されているように見える人々を通して働かれるのである。

2 解放の霊――周縁からの宣教

36 神がこの世界に対して意図しておられるのは、別の世界を創ることではなく、愛と知恵をもってご自身が造られたものを新たにすることである。イエスは聖霊に満たされるとはすなわち、圧迫されている人を自由にし、目の見えない人の目を開き、御国の到来を告げることであると示して宣教活動を始めた（ルカ四・一六―一八）。彼は、宣教の遂行にあたり、当時の社会で周縁に置かれていた人々と共に歩むことを選び取った。それは、温情主義的な慈愛のゆえではない。彼らの状況が世の罪深さを証左しており、人々のいのちを求める叫びが神の御心を指し示していたからなのである。

37
イエス・キリストは、いのちを否定するすべてのものに立ち向かい変革するために、社会の中で周縁に追いやられた人々と関わり、彼らを迎え入れる。極度の貧困や差別や非人間化を生み出し維持する文化や体制、さらに、人々や大地を搾取し破壊する文化や体制などにも、イエスは立ち向かっているのである。周縁からの宣教は、複雑に絡み合う力関係、グローバルな制度と構造、そして各地の歴史的・社会的事情についての理解を必要としている。しばしばキリスト者の宣教は、神が周縁に追いやられている人々に連帯していることを見落としたまま実践されてきてしまった。それゆえ周縁からの宣教は、いのちの充溢がすべての人に開かれているこの世界のために働く、聖霊による召命として宣教を理解し再考するよう、教会を促すのである。

なぜ周縁と周縁化に関心を向けるのか

38
周縁からの宣教は、生活と教会と宣教における不正義の克服をめざす。それは、宣教が、もっぱら力ある者から力の無い者に対して、豊かな者から貧しい者に対して、特権を持つ者から周縁に追いやられた者に対してのみ行われうる、とする認識に替わろうとする宣教的運動なのである。

こうした考え方は、抑圧と周縁化に加担する可能性をもつのである。「周縁からの宣教」という理念のもとで、「中心にいる」とは、その人の権利、自由、人格が認められ尊重される制度の恩恵に与れることを意味する。一方、「周縁にいる」とは、正義と尊厳から排除されていることである。しかし、周縁における生活が示しうる教訓がある。それは、周縁に置かれた人々が独自の役割を持っており、しばしば、中心にいる者が見ることができないものを見ているということである。脆い立場に生きている周縁の人々は、しばしば、どのような排他的勢力が彼らの生存を脅かしているのかを知っており、彼らの闘いの緊急性を最もよく見極められるのである。周縁的状況に生きる人々の日々の闘いから、特権的地位にある人々が学ぶべきことは実に多いのである。

39 周縁の人々は、力を奪われ、機会と正義を享受できなくさせられているために十分に活かされていない神からの賜物を持っているのである。周縁の人々は、生活上の様々な苦労や生存のための闘いを通して、神の国の約束に忠実であり続けるために必要な生き生きとした希望、集団的抵抗の力、そして根気強さを保持している人々なのである。

40 宣教的活動の場の状況が活動の方向性や性格に影響するため、どのような社会的位置の人々が宣教の業に関与しているかが考慮されなければならない。また、宣教について検討する時、宣教の考え方を決定づけている多様な価値観の傾向があることも認識しておく必要がある。人々を、周縁から力ある中心に移すことだけが宣教の目的ではない。他者を周縁に置いたまま中心に居座り続ける人々と対決することも宣教の目的である。教会は権力の構造を変革するよう召されているのである。

41
過去においても現在においても、往々にして、宣教は社会の周縁にいる人々に向けられるものとして行われてきた。周縁の人々はいつも受け取る者であり、宣教活動の活発な担い手であるなどとは考えられていなかった。このような形の宣教は、しばしば実に抑圧的で、いのちを否定する体制に加担するものである。それは多くの場合、中心にいる特権者と結託しており、また、ある人々を周縁化している経済的・社会的・文化的・政治的な体制に挑戦する力を持たないのである。中心からの宣教は、温情主義の態度や優越感に動機づけられている。歴史的に、中心からの宣教は、西洋文化とキリスト教を同一視し、その結果、周縁化された犠牲者たちの人格を否定するなど、意図したこととは逆の結果を生んでしまったのである。

42
周縁の人々が共通して直面している主な課題は、すべての人の尊厳と価値を確かなものにすることができていない社会の、文化の、文明の、国家の、そして教会の失敗によるものである。周縁化や抑圧を生み出す不公平の根本には、不正義がある。正義を求める神の意志は、神の本質と主権に深く関わっている。「あなたたちの神、主は神々の中の神、主なる者の中の主、偉大にして勇ましく畏るべき神、人を偏り見ず、賄賂を取ることをせず、孤児と寡婦の権利を守り、寄留者を愛して食物と衣服を与えられる」(申一〇・一七―一八)。それゆえ、すべての宣教的活動は、すべての人の、そして大地の聖なる価値を守るものでなければならないのである(イザ五八章を参照)。

闘いと抵抗としての宣教

43

「神の宣教」(ミッシオ・デイ)という宣教理解は、神が歴史と被造世界における具体的な時間と状況において活動し、正義と平和と和解を通して全地のいのちを満ち満ちたものにしようとしているとの信仰を指し示している。それゆえ、聖霊による解放と和解という神の継続的な働きに参与するということは、人を搾取し奴隷化する悪を見抜き、暴くことを含んでいる。たとえば、家父長主義的イデオロギーを脱構築し、原住民の自己決定権を守り、人種差別主義や階級主義が社会に深く根づいていることに挑戦することである。

44
教会の希望は、約束された神の支配の成就に基づいている。それは、神と人類、そして全被造物の間の正しい関係の回復を伴うものである。たとえこのことが終末において完全に実現される幻であっても、現在、私たちが神の救いの業に参与することを大きく力づけ、導くのである。

45
神の宣教への参与とは、仕えられるためではなく仕えるために来られ（マコ一〇・四五）、強き者をくじき低き者を高め（ルカ一・四六―五五）、相互関係や相互依存を重んじる愛を生きる、イエスの道をついてゆくことである。その歩みは、神がすべての存在に対して願っておられるいのちの充溢を妨げる諸力と闘い、これらに抵抗することと同時に、正義、尊厳、そしていのちのために捧げられている運動や先駆的取り組みに携わる人々と進んで共働することを伴うのである。

正義と包摂的であることをめざす宣教

46
御国のよき知らせとは、公正で包摂的な世界の実現の約束をめぐるものである。包摂的であることが、人類と被造物で形成される共同体の内に、人と被造物が互いに受け止め合うと共に一人ひとりが互いの神聖な価値を尊重し守り合う、公正な関係を育む。また、一人ひとりの共同体生活への十分な参加が促されるのである。キリストと結ばれる洗礼は、神のもとで様々な障壁を乗り越える共通のアイデンティティを探る中で御国の希望を示すという、生涯を通じた献身を意味している（ガラ三・二七—二八）。神の御前では、いかなる形の差別も容認されないのである。

47
イエスは、後の者が先になる（マタ二〇・一六）と述べた。社会で疎外された人々を十分に歓待することで、教会は、御国に基づく価値観を体現するのである（イザ五八・六—七）。自己中心的な生き方を問題にすることで、教会は、御国が人間存在に浸透してゆく余地を作るのである。さらに、身体的・心理的・宗教的な暴力を個人的関係と経済的・政治的・社会的体制の双方において放棄することによって、教会は、この世界のただ中で御国が前進していることを証しするのである。

48
しかし現実には、宣教と金と政治力は戦略的な協力関係にある。神学や宣教学の中で、教会の宣教が貧しい人々との連帯であることをどれほど語っても、実践においては、力の中心にいる人々のことに大きな関心を寄せ、豊かな人々と食事をして教会の官僚的体制を支えるための資金調達をしている場合があるのである。この事実の前で私たちは、特権や力のある人々のための福音がどのようなものであるか問い直さなければならない。

49 教会は、キリストにおいて啓示された、神の聖なる、いのちを守る世界のための計画を現実的なものとするよう召されている。それは共同体の破壊につながる価値観や実践を拒否することを意味している。キリスト者は、あらゆる形の差別の罪深い本質を認識し、不公正な構造を変革するよう召されている。この召命は、教会への確かな期待を示している。教会は、内部にある抑圧的勢力を匿うことを拒絶し、支配的な権力や文化に抗う共同体として活動すべきである。「あなたがたの間では、そうであってはならない」（マタ二〇・二六、ＫＪＶ）という確言こそ、旧約・新約聖書において契約共同体に与えられた、聖書的命題を特徴づけているのである。

癒しと全体性の回復としての宣教

50 個人および共同体の癒しや全体性回復のために行動することは、宣教の重要な一側面である。癒しは、イエスの活動の中心的要素であったばかりでなく、彼の働きを継続する弟子たちに対する召命の中心的要素でもある（マタ一〇・一）。癒しは聖霊の賜物である（Ｉコリ一二・九、使三章）。聖霊は、いのちを育む宣教へと教会を押し出すのである。祈ること、牧会的または専門的ケアをすることだけでなく、困窮の根源を預言者的に批判すること、不公正を許容する社会構造を変革すること、科学的研究をすることもその活動の重要な側面である。

51 健康とは、単に身体や精神が良好な状態であることを意味しない。癒しも、医学的な視点でのみ考えることはできない。この健康理解は、人間を多面的な統一体と見なし、肉体・心・知性が相互に関わりまた依存しているものと考える聖書的・神学的伝統と符号する。つまり、人間の全体性の回復を考える時には、社会的、政治的、生態学的な側面を無視することはできないのである。全体性の回復としての健康とは、神が約束された終末に実現される状態であるが、同時に、実現可能性として現在に存在している。[7] 全体性の回復とは、整然とした静的状態のことではなく、神・人間・被造世界の三者の活き活きとした共生に関わるものである。個人主義や不正義はこの共同体の形成を阻むものであり、したがって全体性の回復をも阻むのである。ＨＩＶとＡＩＤＳを含め、疾患や障がいに基づく差別はイエス・キリストの教えに反する。個人的な、あるいは共同的な暮らしの中で除外されてしまっているあらゆる部分が包摂される時に、また、無視された人々や周縁化された人々が愛において集められる時に、全体性の回復は経験されるのであり、私たちは、地上における御国のしるしを見出すことができるのである。

52 障がいや病気は、多くの人々によって罪の現れとして見られたり、治療されるべき医学的問題として見られたりしてきた。医学的な思考様式は、個人の内にある「欠陥」と思われるものを修正したり治療したりしなければならないことを強調する。しかし、周縁化された多くの人々は、自分たちのことを「欠陥」や「病気」のある者とは見なしていない。たしかに聖書は、イエスが様々な弱さを持つ人々を癒した多くの出来事を伝えている。しかし同時に忘れてならないのは、イエスがその人々を共同体の構成員としてふさわしい位置に復帰させたという点である。癒しとは、何か欠如していると思われるものを直すことよりもむしろ、全体性を回復することなのである。全体性を取り戻すためには、各部分の間の悪くなっている関係を修繕する必要がある。聖書的な見方を現実のものとするためには、部分的な治療にのみ執着する考え方が克服されなければならない。宣教は、障がいのある人や病気のある人の教会と社会の営みに対する十分な参加を促進すべきなのである。

53

キリスト教の医療宣教は、地球上のすべての人が公平に健康のためのケアを受けることができるようにし、すべての人の健康を実現することを目指している。教会は、包括的な意味においての健康や癒しに様々な形で貢献できるし、これまでも貢献してきた。カウンセリングやグループケアその他の健康増進のプログラムを行うクリニックや医療機関を設置したり支援したりすることもできる。また、各地の教会では、グループを作って病床にある会員を訪問することも可能であろう。病気の人と共に祈ること、またその人のために祈ること、罪の告白とゆるしの宣告、按手、塗油を行うこと、その他様々な聖霊の賜物（Ｉコリ一二章）を用いることも癒しの過程の一部である。しかし、私たちが注意しておかなければならないのは、ふさわしくない礼拝の実践である。たとえば、神をないがしろにして治癒者が讃えられ勝ち誇るような癒しの礼拝、それに、偽りの期待が惹起される礼拝などは、かえって深く人々を傷つけうるものである。ただしこのことは、神が奇跡的な仕方で癒しに介入される場合があることを否定するものではない。

54
不完全な人間の集いであり、苦しみ呻きつつ解放を切望する被造物の一部であるキリスト教共同体は、この世の現実のただ中における神の御国の表れとして、希望のしるしになることができる（ロマ八・二二―二四）。聖霊は、正義と癒しのために様々な仕方で働いている。それはまた、キリストによる宣教を体現するために召された共同体に、とりわけ力強く働きかけるのである。

3　共同体の霊――躍動する教会

神の宣教と教会のいのち

55
教会のいのちは、三位一体の神の愛に起源をもっている。神は愛である（Ⅰヨハ四・八）。宣教は、創造と贖いの業に示された神の愛への応答である。「神の愛が私たちを駆り立てる」のである。神の愛を分かち合うこの交わり（コイノニア）が、私たちの心と生活を私たちの兄弟姉妹に対して開くのである（Ⅱコリ五・一八―二一）。教会は、神の愛の内に生きることで、すべての人々へのよき知らせになるよう召されている。三位一体の神に与えられる溢れるほどの愛が、あらゆる宣教と伝道の源泉なのである。

56
聖霊において示される神の愛は、「いついかなる場所においても」(8)、全人類に対する、またあらゆる文化と社会的状況のための霊的な賜物である。十字架で死に、甦られた主であるイエス・キリストによって啓示された聖霊の力強い存在は、私たち一人ひとりに対する神の賜物であるいのちの充溢へと私たちを導く。キリストによって聖霊のうちに神は教会に内在し、世界に対する御心を啓示すると共にその実現に参与できるようメンバーを力づけるのである。

57
教会は、歴史のある時点で、神学的にも実態としても宣教のために生まれた共同体である。その起源や目的から考えると、宣教と教会を切り離すことは不可能なのである。神の宣教的な意志を遂行することが教会の目的であり、教会と宣教の関係は密接である。なぜなら、教会を宣教へと向かわせるキリストの霊は、教会のいのちでもあるからである。キリストが教会を世に遣わすのと同時に、彼は教会に聖霊を吹き込むのである（ヨハ二〇・一九―二三）。それゆえ、ちょうど炎が燃えることで存在しているように、教会は宣教によって存在する。宣教に従事していない教会は、もはや教会ではないのである。

58

神の宣教を起点とするならば、「下からの」教会論に導かれる。この考え方においては、教会の内に宣教があるのではなく、宣教の内に教会が位置づけられる。宣教は、教会の拡張事業ではなく、世界における神の救いの業を体現する教会の業なのである。ここから、教会の使徒性のダイナミックな理解が生まれてくる。使徒性というのは、教会の信仰を代々守ることだけを意味するものではなく、使徒職への参与をも意味するのである。教会は、なによりもまず宣教的教会である必要があるのである。

神の宣教と教会の一致

59

共同体において信仰を生きることは、宣教に参与する重要な方法である。洗礼を通して、私たちは共にキリストに結ばれた姉妹兄弟となる（ヘブ一〇・二五）。教会は、すべての人を歓迎する包摂的な共同体になるよう召されている。言葉と行為によって、またその存在そのものにおいて、教会は御国の到来の予兆となり、その幻を証しするのである。教会とは、信仰者が集うことであると共に平和を携えて出てゆくことでもある。

60

実践的にも、また神学的にも、宣教と教会一致の課題は不可分である。この点で、一九六一年のＷＣＣ（世界教会協議会）とＩＭＣ（国際宣教協議会）の統合は重要な前進であった。この歴史的出来事は、宣教と教会は一体であるという確信を抱かせるものである。しかしながら、宣教と教会の一体化は十分に達成されていない。私たちは、新しい試みを重ねながら、教会が今日において本当に宣教的存在になるための道を模索してゆかねばならない。

61

今日、教会は、多くの点で神の宣教をまだ十分に体現できていないことを認識している。しばしば、宣教と教会が分離しているのである。宣教において十分で現実的な一致が欠如していることは、この世界における神の宣教の遂行の真実性と信頼性を損なうものである。私たちの主は、「彼らを一つにしてください……世が信じるようになるためです」（ヨハ一七・二一）と祈った。このように、宣教と一致は結び付けられているのである。最終的には、私たちは、教会と一致に関する考察をさらに広い一致理解、すなわち人類の一致、被造世界全体の宇宙的な一致の議論へと拡げなければならない。

62
自由市場主義経済の非常に競争の激しい環境は、残念ながら一部の教会や教会関連の諸団体に影響を及ぼし、他の活動に対する「勝利者」になろうとする動きを生み出している。何らかの教派にすでに属しているキリスト者に、教派の改宗を迫る攻撃的な宣教活動さえ見受けられる。しかし、数字上の成長をひたすら求めようとする姿勢は、キリストの弟子として求められる他者への敬意と両立しないのである。イエスは権力や金銭によってではなく、自らを無にすることによって、そして十字架における死を通して私たちのキリストとなられた。この謙遜な宣教理解は、私たちの手段に方向性を与えるだけでなく、それ自体がキリストへの信仰の本質であり基本的要素なのである。教会は神の宣教における奉仕者であり、主人ではない。宣教的教会は、自らを無にするほどの愛のゆえに、神を讃えるのである。

63
キリスト教共同体は、多様性を重んじつつ、パートナーシップと協力の精神に基づいて共同の証しの手段を見出し実践するよう召されている。互いに敬意を払いながら責任ある伝道の形態を探ることもその一つであろう。共同の証しとは、「たとえ組織上は離れていたとしても、諸教会がすでに共有し、等しく経験している真理といのちの賜物を共に示す、共に担うことができる活動を意味するのである」[9]。

64　教会の宣教的本質はまた、教会と教会関係の諸団体がさらに緊密な関係を持つべきことを示している。ＩＭＣとＷＣＣの統合は、教会の一致と宣教を考察するための新たな枠組みをもたらした。教会一致に関わる議論は、教会組織のあり方をめぐる問いに深く関係している一方で、宣教に関わる諸団体は、宣教においては柔軟に諸教会が共働してゆけることを示している。教会関係の諸団体は、教会を背景としてこそ信頼性と方向性を持つことができるが、一方で、教会そのものではないこれら諸団体は、ダイナミックな使徒的性格を失うことがないよう教会を助けることができるのである。

65　一九一〇年のエディンバラ世界宣教会議以来の協力と一致の運動を直接受け継ぐＷＣＣ世界宣教伝道委員会（ＣＷＭＥ）は、諸教会と宣教諸団体が宣教における一致を表現し、その一致をより確かにする方法を探求するために機能している。ＷＣＣの常設委員会である世界宣教伝道委員会は、世界中から集まるカトリック、諸正教会、聖公会、プロテスタント、ペンテコステ派、原住民教会の人々によって示される宣教と一致についての新たな諸見解に出会ってきた。とりわけ、ＷＣＣは、ローマ・カトリック教会との緊密な関係を築いてきた。また、福音派、特にローザンヌ世界委員会および世界福音同盟（WEA）との深まる共働関係は、一致して宣教することに関するエキュメニカルで神学的な考察を実に豊かにしている。私たちは共に、「全教会による、全世界における、福音全体の証し」という、共通の関心事を分かち合っているのである[10]。

66

聖霊は一致の霊であり、人々と教会を一つにして、多様性における一致を前向きかつ建設的に喜び合うことができるようにする。聖霊はまた、人々が包摂的かつ各自が責任をもって参与する共同体へと育っていくために、安全で肯定的な環境で互いの違いに向き合うことができるダイナミックな学びの場と素材を提供するのである。

神は、宣教する教会を力づける

67

キリストによって聖霊のうちに、神は教会に内在し、教会員に活力を吹き込む。キリスト者にとって、宣教は切迫した内面的衝動となるのである（Ⅰコリ九・一六）。また、宣教は、キリスト者としてふさわしい生活の試金石である。それはキリストの愛の深い求めに根ざして、イエスが与えたいのちの豊かさに共に与るよう他者を招くことである。つまり、神の宣教への参与は、専門的な個人やグループが担うべき任務ではなく、すべてのキリスト者とすべての教会にとっての本

質的な任務なのである。(11)

68
すべての人と被造世界全体に対する神の溢れるほどの愛の使信を信用できるものにするために、私たちは可能な限り一致した言葉で語り、共同の証しを立てて私たちの内にある希望を示す（Iペト三・一五）必要がある。それゆえ、諸教会は実に多くの共同宣言――そのうちいくつかは、合同途上教会ないし合同教会へと結実した――を生み出してきた。また、多くの対話を重ね、すべてのキリスト者が癒しと和解による一つの組織体として見える一致を回復することを目指してきたのである。癒しと和解という聖霊の働きを再発見することは、今日の宣教神学の核心に位置するものであり、極めて重要なエキュメニカルな意味をもっている。(12)

69
諸教会の間の「目に見える」一致は非常に重要であるが、職制など機構的な面だけの一致を探求すればよいわけではない。宣教の観点では、神の宣教を進める助けになる一致とは何かを見分けることが重要である。別の言い方をすれば、宣教における一致が、教会の見える一致の基礎であり、それが教会の職制についての考え方に示唆を与えるのである。また、一致を達成する試みは、正義を求める聖書の教えに合致した方法でなければならない。私たちのなす正義とは、誰かを沈黙させたり抑圧したりすることによる偽りの一致を拒否することでもある。あるべき一致とは、常に、包摂的であることと他者への敬意を伴うのである。

70
今日、世界規模で見られる人々の移住は、とても具体的な形で、諸教会の一致に対する態度に挑戦している。「旅人をもてなすことを忘れてはいけません。そうすることである人たちは気づかずに天使をもてなしました」（ヘブ一三・二、NIV）と聖書は述べている。移民の諸集団にとって、教会は避難場所や文化間交流の場になる可能性がある。(13) 教会は、民族的・文化的境界線を越えて、神の宣教に奉仕するために一致するよう召されている。それゆえ教会は、多文化に生きる人々に仕えるとともに、多様性を重んじる共同の証しの具体的表現としての宣教を形成すべきである。このことは、公正な移民政策を提言することや、外国人排除と人種差別主義に対する抵抗を伴うであろう。往々にして女性たち、子どもたち、不法就労者たちは、あらゆる移民の中で最も弱い存在である。しかし、女性たちはまた、移民に対する新しい教会の働きかけの最前線にいるのである。

71
神の歓待は、文化的に優勢なものが主人であり、少数派や移民が客人であるとする二元論的な考え方を克服するよう教えている。神の歓待においては、神ご自身が主人なのであり、私たちは皆、聖霊によって謙虚さと相互的関係をもって神の宣教に参与するよう召されているのである。

各地の教会――新しい取り組み

72 ただ一つのキリストの教会として聖霊にあって一致することと同様に重要なのは、各地の各個教会が、聖霊の導きによってどのようにそれぞれの置かれた現実に応答しているかを評価することである。今日の変化した世界は、各地の教会に新しい宣教の試みをするよう迫っている。たとえば、世俗化が進みつつある南半球では、「新しい修道院生活運動（new monasticism）」、「イマージング・チャーチ（emerging church）」、「フレッシュ・エクスプレッション（fresh expressions）」などの運動が、社会的状況に応答する宣教の新しい形として教会のあり方の再考を促し、活気を与えている。その地域の状況にふさわしい教会のあり方を探ることは、特に若者たちの関心を喚起するであろう。北半球の一部の教会は、パブや喫茶店、改装した劇場などで集会をしている。インターネットで教会生活に関わることも、非直線的で、視覚や感覚を重視する思考の若者たちにとって魅力的な選択肢であろう。

73 使徒言行録に記された初代教会のように、それぞれの教会は、甦られたキリストが臨在する共同体を形成する恵みに与っている。多くの人々にとって、教会員になることを受け入れるか拒否するかの判断は、身近にある教会に関する肯定的ないし否定的な経験と関係してくる。その点で、各個教会は、つまずきの石にもなりうるし、変革の担い手にもなりうるのである[14]。それゆえ各個教会は、宣教の聖霊によって絶えず新たにされ、力づけられることが不可欠である。それぞれの教会が、宣教の最先端にいる最も重要な宣教の担い手なのである。

74

礼拝とサクラメントは、変革のスピリチュアリティと宣教を形成するうえで決定的に重要な役割を果たす。聖書をそれぞれの状況の中で読むこともまた、各個教会が神の正義と愛を伝え、証しするものとなるための主要な源泉である。キリスト者が各自の生活において、地域共同体の中で神の宣教を具体的に生きる時にのみ、聖所での礼拝はまったきものになる。各個教会は居心地の良い環境から一歩踏み出し、神の宣教のために境界線を越えてゆくよう押し出されるのである。

75

各個教会は、これまで以上に、文化的・人種的境界線を越えることや文化的差異を聖霊の賜物として受け容れることにおいて大切な役割を果たすことができるようになっている。人々の移住は、問題であるというよりも、教会が改めて自己発見できる新たな可能性を提供するものとして認識できるのである。移住はまた、各地域で多文化的な教会が誕生する機会を提供している。すべての教会は、様々な文化をもつ人々が集う場を造ることができるのであり、それによって、地域性を反映する多文化的宣教を展開できる魅力的な機会を得ているのである。

76 さらに各個教会は、かつてなかったほどに、グローバルな関係づくりを展開できるようになっている。地理的に離れており状況も大きく異なる教会間で、励ましと変化を与える多くのネットワークが形成されている。こうしたネットワークは目覚ましい可能性を提供しているが、落とし穴が無いわけではない。よく知られるようになってきた短期の「宣教旅行」は、地理的に離れた教会の間で協力関係を築くために有効である。しかし、場合によっては、貧しい地方教会にとって耐え難い負荷がかかり、既存の教会が疎かにされてしまうこともあるのである。そういう「旅行」には危険や注意すべきことが伴うが、多様な文化的、政治・経済的状況の中で生きる経験が、その旅行者が自分の共同体に戻ってから、ゆっくりとした変化をもたらすこともある。私たちの課題は、教会全体を建て上げるための、各部分における霊的な賜物の活用方法を見出すことであろう（Ｉコリ一二―一四章）。

77 正義を求める政策提言は、単に国家レベルの集まりや中枢になる省庁などにのみ与えられた特権ではなく、各個教会が取り組むよう召されている証しの一つの形である。たとえば、ＷＣＣの暴力を克服する一〇年（二〇〇一―二〇一〇年）は、国際エキュメニカル平和会議（ＩＥＰＣ）において、「教会は、人々の日常的な選択において何が人権、ジェンダーや気候に関わる正義、一致、平和を壊し、逆に何がそれらを促進するかを見極める助けとならなければならない」という呼びかけで結ばれた[15]。日常生活にしっかり根を張っていることが、各個教会に、正義と平和を求めて闘う正当性と動機とを与えるのである。

78
教会はそれぞれの地理的・政治的、社会的・経済的状況の中で、神の民としての信仰と希望を具体的に示す奉仕（ディアコニア）によって、イエス・キリストにおいて神が何を為しておられるかを証しするよう召されている。教会は、奉仕を通して奉仕者である主の歩みに従い、神の宣教に参与するのである。教会は、支配の力に対して奉仕の力を示し、いのちを保ち育み、神の国の約束を指し示す奉仕の業によって神の変革の恵みを証しする奉仕の共同体になるよう召されているのである[16]。

79
教会が、宣教的共同体であることを深く自覚すればするほど、その外に向かう性格が伝道において表れる。

4　ペンテコステの霊——天地万物のための福音

伝道への招き

80 証し（マルトゥリア）は、伝道——全世界において、全人類に対して福音全体を伝達すること——において具体的な形をとる。[17] その目的は、世界の救いと三一なる神の栄光である。伝道とは、神の救いの恵みに限界を設けることなく、イエス・キリストの受肉、苦難、復活の重要性を、明白で曖昧さの無いものにする宣教的活動である。伝道とは、このよい知らせを未だ聞いたことがないすべての人と分かち合い、キリストにあるいのちの経験へと彼らを招くことである。

81 「伝道とは、まだ神を知らない人々に対する神の愛に満たされた人々の心から流れ出るものである[18]」。ペンテコステにおいて、弟子たちは、神の力強い業を宣言せずにはおれなかった（使二・四、四・二〇）。伝道は、その他の宣教の諸形態を排除するものではないが、「キリストにある新しいいのちと弟子としての人生を生きることへの個人的回心を促すこと[19]」など、福音を明白に意図的に表明することに焦点を据えている。聖霊は一部の人々を伝道者として立てるが（エフェ四・一一）、私たちキリスト者すべてが、私たちが抱く希望を弁明するよう召されている（Ⅰペト三・一五）。個々の信仰者だけでなく、全教会が共に伝道するよう召されているのである（マコ一六・一五、Ⅰペト二・九）。

82
今日の世界では、共同体を癒し、育むようなものではなく、神の名のもとに破壊したり残虐な行為をしたりする宗教的アイデンティティや信念の過激な主張が横行している。そのような状況の中で、改宗主義は、伝道の正統なやり方ではないことを認識することが重要である。[20] 聖霊は、人間による福音の説教や実践と共に働く（ロマ一〇・一四―一五、Ⅱコリ四・二―六を参照）。しかし、新しいいのちを造り、新生を引き起こすのは聖霊ご自身なのである（ヨハ三・五―八、Ⅰテサ一・四―六）。一部のキリスト者たちが暴力的な方法や権力を乱用して「回心」を強いることで伝道がしばしば歪められ、信用を失ってしまうことがあるのを私たちは認識している。しかし、周縁に置かれた人々を、抑圧と非人間的な環境の中に押し込めたままにしておきたい支配層の願望に基づく強制的改宗に対する非難がなされる場合があることも事実である。

83
伝道は、相手が何らかの宗教的伝統に属しているか否かを問わず、他の人々と信仰と確信を分かち合い、キリストの弟子として生きるよう招くことである。そのような分かち合いは、確信と同時に謙遜さによって生じるものであり、世界に対する私たちの公然たる愛の表現の一つである。もし、私たちが神と隣人を愛すると言いながら、熱心に、毅然として福音を分かち合わないならば、私たちは、神と人々への愛の一貫性に関して自分たちを欺いているのである。私たちが世界の人々に提供できるものの中で、キリストにおける神の愛と恵みと憐れみを人々に分かち、伝えることよりも大きな贈り物は他にないのである。

84

伝道は、人を悔い改め、信仰、洗礼へと導く。罪と悪のただ中で真実を聞く者には、それを肯定するのか否定するのか、応答が求められるのである（ヨハ四・二八—二九。マコ一〇・二一を参照）。伝道は、態度や優先順位や目標の変化などの形で回心を引き起こすのである。そして、失われたものの救済、病人の癒し、抑圧された者と被造世界の解放という結果をもたらす。

85

伝道は、その他の宣教の諸形態を排除するものではないが、「キリストにある新しいいのちと弟子としての人生を生きることへの個人的回心を促すこと」など、福音を明白に意図的に表明することに焦点を据えている。[21] 聖霊が私たちをどのような伝道に導くかについては、諸教会の間で異なる理解が示されている。ある人々にとって、伝道とは、第一にイエス・キリストによる個人的回心へと人々を導くことである。一方、伝道を、抑圧された人々と連帯してキリスト者としての証しを立てることと考える人々もいる。またある人々は、伝道を、神ご自身による宣教の一部であると見なしている。多様なキリスト教的伝統が、宣教・伝道の諸側面をそれぞれの形で表現しているのである。それでもなお、私たちに共通する理解がある。それは、各個教会の歩み――そこでは礼拝（レイトゥルギア）が、証し（マルトゥリア）・奉仕（ディアコニア）・交わり（コイノニア）と密接不可分に結び合わせられている――に根ざした伝道理解を私たちが共に探求するよう、聖霊が求めているということである。

86

キリストに倣う伝道

伝道とは、福音を言葉と行動の両方を通して分かち合うことである。言葉による福音の宣言や説教（ケリュグマ）は確かに聖書的である。しかし、私たちの言葉が行動と合致しないならば、私たちの伝道は本物とは言えない。言葉による宣言と、見える行動の連結こそが、イエス・キリストにおける神の啓示と神の御心を証しするのである。伝道は一致に深く関係している。互いに愛し合うことは、私たちが語り伝えている福音を実証するものであり（ヨハ一三・三四―三五）、不一致は福音を辱めるものなのである（Ⅰコリ一章）。

87 過去にも現在にも、いのちの充溢を実現するための聖霊に導かれた、キリスト者たちによる信仰深く謙虚な奉仕が様々な地域でなされている。また、故郷を遠く離れて宣教師として異国で暮らし働いた多くのキリスト者たちも、謙虚さと相互的関係と敬意をもって仕えたのである。つまり神の霊は、それぞれが遣わされた共同体の中で変革をもたらすために活動していたのである。

88 残念ながら、伝道は、時には福音の受肉ではなく福音に背く仕方で実践されてきた。このようなことが起これば、ただちに悔い改めるべきである。キリストに倣う宣教[22]とは、他者の尊厳と権利を肯定するものである。私たちは、搾取したり誘惑したりするのではなく、キリストがなされたように他者に仕えるよう召されているのである（マコ一〇・四五、マタ二五・四五）。非常に個人化された今日の状況においては、伝道と「商品」の売買――キリスト教的生活のどの部分を取り入れるのかを私たち自身が選り好みすること――とが混同される可能性がある。これに対して聖霊は、資本主義的な思考のもとでイエスの福音が消費されうるという考え方を拒否する。聖霊は、個人的なレベルでの回心と変革へと私たちを招き、すべての人のためのいのちの充溢を宣言するよう導くのである。

89 真の伝道とは、謙遜とすべての人に対する敬意に基づくものであり、対話の中で豊かになる。また、言葉と行動において、癒しと和解の福音を推し進めるものである。「連帯を抜きにしては、伝道は真の意味で伝道ではない。それと共に、来るべき御国のメッセージを分かち合わないキリスト者の連帯は、真の意味で連帯とはなりえない」[23]。したがって伝道は、人と人の関係、そして共同体間の関係を築くことを後押しするものである。真の関係性は、多くの場合、文化的状況を共有している同地域の信仰共同体の間において最もよく育まれる。信仰の証しは、私たちの言葉によってなされるのと同じように、私たちのあり方によってなされる。信仰を公言することがいのちの危険を伴うような状況では、生き方そのものが、力強く福音を訴えかける手段になるだろう。

90 互いに異なる宗教的立場の人々や共同体の間には緊張があり、またキリスト教的証しの解釈も多様であることをわきまえつつ、真の伝道は、いのちを肯定する価値観に常に導かれなければならない。『宗教多元的な世界におけるキリスト教的な証し――行動に向けた提言』という共同宣言で、次のように述べられている通りである。

(a)心理的あるいは社会的な権力の乱用など、宗教的ないし非宗教的な権威によるあらゆる形態の暴力、差別、抑圧を拒否すること。
(b)報復や脅迫を全く恐れることなく信仰を実践でき、また告白できる信教の自由を支持すること。
正義と平和とすべての人にとっての共通善を促進する、相互尊重と連帯を重んじること。
(c)家父長主義、人種差別主義、階級主義など、福音によって告発されなければならない要素が自文化の中にないかどうかを顧みつつ、すべての人と文化に対する敬意をもつこと。
(d)偽りの証しを拒否すると共に、互いに尊重し理解するために耳を傾けること。
(e)個人や共同体が自ら判断し意思決定できるよう、自由を保障すること。
(f)他の諸宗教の信者たちあるいは無宗教の人々との関係を築き、より深い相互理解、和解、共通善への協力を促進すること。(24)

91　今日の世界は、個人主義や世俗主義、そして物質主義、また、御国の価値観に異を唱えるイデオロギーによって強く影響されている世界である。福音は究極的にはすべての人へのよき知らせであるが、偽り、不公正、抑圧を推し進める勢力に対しては悪しき知らせなのである。その意味で、伝道は、希望と愛をもって権力に対して真理を主張する預言者的な召命なのである（使二六・二五、コロ一・五、エフェ四・一五）。福音は人を解放し、変革するものである。その告知は、公正で包摂的な共同体をめざす社会の変革に関わることなのである。

92 悪や不正義と対峙することによって、また預言者的であることによって、時には弾圧と暴力を被る場合がある。結果的に苦しめられ、迫害され、死に至ることさえあるかもしれない。伝道においては、十字架を負い自らを無にしたキリストの姿に倣って（フィリ二・五―一一）、脆くあることも求められる。殉教者の血がローマの迫害の下での教会の種になったように、今日において正義と公正さを追求することは、キリストについての力強い証しである。イエスによれば、己を無にするということが彼に従うことであり、このことはさらに、永遠の救いに直結するものである（マコ八・三四―三八）。

伝道、宗教間対話、そしてキリスト者の存在

93 多元化し、複雑化した今日の世界において、私たちは様々な信仰、そしてイデオロギーや信念をもって生きている人々と出会う。私たちは、いのちの聖霊が、喜びと豊かないのちをもたらすことを信じている。それゆえ、いのちを肯定するあらゆる文化において、神の霊を見出すことができるのである。聖霊は人知を超えて働く。他の宗教的伝統において聖霊がどう働いているのかを、私たちは完全には理解できないのである。私たちは、いのちを与える多様なスピリチュアリティ

に、固有の価値と知恵があることを認める。それゆえ、真の宣教は、「他者」を宣教の「対象」とするのではなく、宣教におけるパートナーとするのである。

94

対話は、いのちと被造世界を守る観点から、私たちの共同の暮らしと目標を確かめるための手段である。宗教的レベルの対話は、私たちに先立って、対話の相手となる人々とすでに共におられる神と出会う期待をもって始める時に、はじめて可能になる[25]。神は私たちが行く以前から、人々と共におられる（使一七章）。私たちの課題は神を連れてゆくことではなく、私たちに先立って人々と共におられる神を証しすることなのである。対話は、両グループが心を開いて、忍耐強く、敬意をもって歩み寄る誠実な出会いの場を備えるのである。

95

伝道と対話は異なるが、互いに関係している。キリスト者は、すべての人が三一なる神を知るようになることを希望し祈っているが、対話の目的は伝道ではない。しかし、対話が「信仰に献身する者の出会い」である以上、イエス・キリストの福音を共有することは、対話において正当な位置をもつ。さらに、生活と行動における対話において、そして「対話の精神」と「尊敬と友情の姿勢」においてこそ真の伝道は行われるものなのである[26]。伝道は、私たちの最も深い確信を宣言することだけではなく、他者に傾聴すること、他者によって問われ、豊かにされることさえ伴うのである（使一〇章）。

96 特に重要なのは、単に複数の宗教の人々がいるだけでなく、ある宗教が大多数を占めているような状況における対話である。少数派グループの権利と信教の自由を守り、すべての人が共通の善に向けて貢献できるようにすることが必要である。信教の自由は守られなければならない。なぜなら、それは、すべての人が神の似姿（創一・二六）に造られていることに基づく人間の尊厳に由来するからである。あらゆる宗教や信念の信奉者は、平等の権利と責任をもっているのである。[27]

伝道と文化

97 福音は、ある場の文化的・政治的・宗教的な現実に関わり、様々な状況に根を張る。福音を根づかせるためには、人々とその文化的・象徴的な生活世界の尊重が不可欠である。キリストがどのような形でその状況の中におられるのか、また、神の霊がどこで働いているのかを見極めるためには、その社会へのより広範な関与と対話から始めなければならないのである。

98 宣教史における伝道と植民地支配との結びつきは、西洋型のキリスト教が、他地域の福音の表現を評価するための基準であるという考え方を生み出してしまっている。経済力や文化的優勢を享受している人々による伝道は、福音を歪める危険をはらんでいる。それゆえ彼らは、貧しい人々、疎外されている人々、少数派の人々との連帯を求めなければならないし、これらの人々の神学的蓄積や視点から学ばなければならない。

99 画一性の押し付けは、神の似姿に造られた一人ひとりの独自性を損なうものである。バベルが画一性を押し付けようとした一方で、ペンテコステの日の弟子たちの説教は、各自の特性や共同体のアイデンティティが尊ばれる形での一致を表すものであった。人々は、よき知らせを各自の言語で聞いたのである。

100 イエスは、自分たち自身の国、解放、独立（使一・六）という狭い関心事に囚われている私たちを招き出してより大きな幻を示し、神の正義と自由と平和をそれぞれの時と場において証しする者として「地の果てまで」行くよう、聖霊によって力を与えてくださる。私たちの使命は、私たち自身の利益よりも他者の利益に気を配りつつ（フィリ二・三―四を参照）、私たち自身や私たちの組織ではなくイエスご自身を指し示すことである。

単一の支配的文化の観点からだけでは、聖書がもつ複雑さを捉えきることはできない。文化的多様性こそ、私たちの信仰や他者の信仰についての理解を深めるための聖霊の賜物なのである。多様な文化的背景をもつ人々が共に礼拝する文化を超える信仰共同体は、互いの文化が正しく関係し合い、また、文化が福音を豊かにするということが起こる一つの場になるであろう。

同時に、福音は文化的優越感に基づく思考を批判する。それゆえ、「福音が実りを結ぶためには、福音それ自体に忠実でありつつ、同時に、その地の人々の文化に土着ないし受肉しなければならない。……いのちを守るために福音がある文化に挑戦したり、それを支持したり、あるいはその文化を変革したりするのをよりよく見極められるよう私たちを助ける聖霊の導きを常に求め続けなければならない[28]」。

結論――いのちの祝宴

101 私たちは、三位一体の神に仕える者である。神は、あらゆる人と被造世界、特にいのちの充溢を切望する抑圧された人々や艱難の中にある人々に対する福音宣教の任務を私たちに与えておられる。宣教――キリストについての共同の証し――は、「神の国での食事」（ルカ一四・一五）への招きである。教会の任務は、祝宴を準備して、すべての人をこのいのちの宴に招くことである。その宴は、豊かないのちの源である神の愛から溢れ出る、創造と実りの祝祭である。それは宣教がめざす、被造世界全体の解放と和解の一つのしるしなのである。

この文書の冒頭第1項から第10項に示した問いへの応答として、私たちは、神の霊による宣教についての新たな理解に立って以下の通り表明する。

102

神による宣教の目的は、いのちの充溢（ヨハ一〇・一〇）であり、これこそが宣教のあり方を考える基準である。それゆえ、特に抑圧された人々の解放、引き裂かれた共同体の癒しと和解、そして被造世界全体の回復という観点から見て、いのちの充溢が見出されるあらゆる場に神の霊が働いていることを私たちは認識すべきである。私たちは、多様な文化のうちに見出されるいのちを肯定する霊を評価し、いのちを肯定しまた保護する働きに携わるすべての人と連帯するよう求められている。私たちはまた、死をもたらす勢力やいのちを否定する勢力が経験される場においては悪しき霊を見出し、これと対峙するのである。

103

宣教は神の創造の行為をもって始められるのであり、その業は、いのちを活かす聖霊による再創造において継続される。ペンテコステの時に「炎の舌」の姿で注がれた聖霊は私たちの心を満たし、キリストの教会を形作らせる。また、イエス・キリストを導いた聖霊は、己を無にし、十字架を担う生き方へと私たちを促し、言葉と行動によって神の愛を証しする神の民として導くのである。真理の霊は、まったき真理へとわれらを導き、悪魔的な力を退け、愛をもって真理を語る力を与える。贖われた共同体として、私たちは他者といのちの水を分かち合い、すべての被造物の癒しと和解、そして刷新のために、一致の霊を探し求めるのである。

104

宣教のための力の源はスピリチュアリティであり、聖霊に根ざした宣教こそが変革をもたらす。私たちは、宣教とスピリチュアリティ、そして被造世界の相互のかかわりを改めて捉え直す。リタージーと礼拝から溢れ出る宣教のスピリチュアリティは、私たち人間どうしの相互関係と、私たちと他の被造世界との関係を刷新するものである。宣教への私たちの参与、被造世界における私たちのあり方、そして聖霊に導かれる生活の実践は、互いを変革させ合う関係で結ばれているのである。神の創造から始まる宣教は、あらゆる形のいのちを神の賜物として喜び祝うよう、私たちを招いているのである。

105

神の霊による宣教は、被造世界全体を刷新する。「地とそこに満ちるものは主のもの」（詩二四・一、NIV）である。いのちの神は、自然を守り、愛し、また配慮する。人類は地球の主人ではなく、被造世界の保全のために配慮する責任を持つ存在である。絶え間ない自然破壊をもたらす過度な強欲と、際限なき消費行動は止められなければならない。神の愛による人類の救いは、被造世界全体の刷新と不可分なのである。私たちは、人類のみを中心に据える考え方を超えて、神の宣教に参与するよう召されている。私たちは、神の宣教がすべてのいのちに向けられていることを認識し、新しい方法によってこの宣教に仕えてゆかねばならない。悔い改め、ゆるしを祈りつつ、実際に行動に移さなければならない時が来ている。宣教は、被造世界全体をその中心に据えているのである。

今日では、南半球あるいは東洋から様々な方向へと向けられた多様な宣教運動が生じている。キリスト教の重心が地球の「南」と「東」に移行している今、それぞれの社会的状況、文化、精神性に根ざした宣教の表現を探求することが重要である。私たちは、さらなる相互性とパートナーシップを発展させ、宣教とエキュメニカル運動において互いに支え合ってゆくべきである。また、私たちの宣教上の実践は、艱難の中にある人々との連帯そして自然との調和を示すものであるべきである。伝道――イエス・キリストの人格と働き、そして御国の価値観を分かち合うこと――は、己を無にする謙虚さ、他者への敬意、そして異なる諸文化・諸信仰に生きる人々との対話においてなされるものである。さらに、現在の世界情勢においては、御国の価値観とは相容れない抑圧と非人間化の構造や文化と対決することも求められるのである。

107
周縁に追いやられた人々は宣教の担い手であり、いのちの充溢が、すべての人のためのものであることを際立たせる預言者的な役割を果たしている。彼らは、神の宣教における主要なパートナーである。周縁の人々、抑圧されている人々、そして艱難の中にある人々は、どの知らせが彼らにとってよき知らせであり、どの知らせが危険にさらされた彼らのいのちに対して悪しき知らせであるかを見分ける特別な賜物をもっている。いのちを与える神の宣教に仕えていくために、私たちは周縁からの言葉に耳を傾け、何がいのちを肯定するものであり何がいのちを壊すものであるかを知らねばならない。周縁に追いやられた人々が示す行動の方向へと、宣教の向きを変えなければならないのである。正義と連帯を重んじ、また、包摂的であることが、周縁を起点とする宣教の重要な表現になるであろう。

108
神の摂理《エコノミー》は、すべての人に対する愛と正義に基づくものであり、変革をもたらす宣教は、自由市場経済における偶像礼拝に抗うものである。経済のグローバル化は、マモン——際限なく富と財産を産み出すことで世界を救おうとする自由市場資本主義の神——をいのちの神に代わるものとした。この状況における宣教は、支配的な権力や文化に抗い、偶像崇拝的な価値観に代わるものを提示する必要がある。宣教は、悲劇と災いを人々や自然にもたらす偽りの神ではなく、いのちと正義、そして平和の神に由来するものなのである。宣教は強欲に根ざす経済活動を告発し、愛と分かち合い、そして正義のある神の摂理に参与し、これを実践するのである。

109

イエス・キリストの福音は、いついかなる場所においてもよき知らせであり、愛と謙遜の霊をもって告知すべきものである。受肉と十字架の死と復活は、私たちの使信の核心であるばかりでなく、伝道の方法においても極めて重要である。それゆえ伝道は、組織ではなくイエスと御国を常に指し示すものでなければならず、この意味での伝道を抜きにして教会は存在しえない。教会の預言者的な使信は、必要とされる時にはいつでも発せられなければならない。説得力と情熱と確信をもって福音を伝えるために、教会は伝道の方法を刷新するよう召されているのである。

110

いのちを守るための対話と協力は、宣教と伝道の欠かすことのできない要素である。伝道は、神の似姿であるすべての人が持つ信教の自由に配慮して行われるべきである。暴力的手段で改宗させたり、経済的な見返りや権力の乱用によって改宗させたりすることは、福音の使信に反する行為である。伝道にあたっては、他の諸宗教に生きる人々との間に尊敬と信頼の関係を築くことが大切である。一つひとつの人類の文化は尊ばれるべきであり、福音は、特定の集団の中でのみ保持されることなくすべての人に開かれているのである。私たちがなすべきは、ある人々のもとへ神を連れてゆくことではなく、私たちに先立って神が人々と共におられる（使一七・二三―二八）のを証しすることである。聖霊に伴われて私たちがこのことをなすならば、いのちに向かって共に働くために、文化的・宗教的障壁を越えることができるのである。

111
神は宣教において教会を動かし、力を与える。神の民、キリストのからだ、そして聖霊の神殿である教会は、神の宣教を継続する中で活力を得、また変化している。こうして、世界のキリスト教の多様性を反映する、様々なスタイルによる共同の証しが生み出されているのである。このように、共に宣教の旅をしながら使徒的任務を継続していくものとして、それぞれの教会が活気ある動きの中にあることが必要である。つまり、実質的な意味において教会と宣教は一体であるべきであり、教会の諸組織と宣教諸団体は、いのちのために共に活動すべきなのである。

112
三位一体の神は、「いのちを得させるため、しかも豊かに得させるため」（ヨハ一〇・一〇、ＲＥＢ）に来られたイエス・キリストを通して、また、「見よ、わたしは新しい天と新しい地を創造する」（イザ六五・一七、ＫＪＶ）という御国の望みを確かなものとする聖霊を通して、被造世界全体をいのちの祝宴へと招いている。私たちは、「いのちの神よ、正義と平和へとわれらを導きたまえ！」と祈りつつ、あらゆるものを新しく創造しすべてを和解させる神ご自身の宣教に、謙虚さと希望をもって共に献身してゆくのである。

注

（1）特に注記のない場合、聖書本文は新改訂標準訳（ＮＲＳＶ）を用いる。本文書で用いられるその他の聖書翻訳はＫＪＶ（欽定訳）、ＮＩＶ（新国際版）、そしてＲＥＢ（改訂英訳）と、それぞれ略記する。

（2）Todd M. Johnson and Kenneth R. Ross eds., *Atlas of Global Christianity*（Edinburgh, Edinburgh University Press, 2009）を参照。

（3）Ion Bria, *The Liturgy after the Liturgy: Mission and Witness from an Orthodox Perspective*（Geneva, WCC Publications, 1996）を参照。この言葉は元々、アルバニア正教会大主教のアナスタシオス・ヤヌラトス（一九二九―）が用いたものであるが、Ｉ・ブリアによって広く知られるようになった。

（4）*Alternative Globalization Addressing Peoples and Earth (AGAPE): A Background Document*（Geneva, WCC Publications, 2005）, 13.

（5）World Alliance of Reformed Churches, *The Accra Confession, Covenanting for Justice: in the Economy and the Earth*, 2004, §10.〔世界改革派教会連盟（ＷＡＲＣ）、冨永憲司訳、『アクラ信仰告白』、日本キリスト教会ウェブサイト内、http://www.nikki-church.org/shinko-seido/accra.docx を参照。〕

（6）Edinburgh 2010, *Common Call*（2010）, §4.

（7）*Healing and Wholeness: The Churches' Role in Health*（Geneva, WCC Publications, 1990）, 6.

（8）World Council of Churches, Commission on Faith and Order, *Baptism, Eucharist and Ministry*, Faith and Order Paper No.111（Geneva, WCC Publications, 1982）, §19.〔ＷＣＣ信仰職制委員会、日本キリスト教協議会信仰と職制委員会・日本カトリック教会エキュメニズム委員会編訳「バプテスマ、聖餐、教会の職務」（リマ

文書)、『洗礼・聖餐・職務——教会の見える一致をめざして』(日本キリスト教団出版局、一九八五年)、一三一—一一四頁。〕

(9) Thomas F. Best and Günther Gassmann eds., *On the Way to Fuller Koinonia: Official Report of the Fifth World Conference on Faith and Order, Santiago de Compostela 1993*, Faith and Order Paper no.166 (Geneva, WCC Publications, 1994), 254.

(10) "The Whole Church Taking the Whole Gospel to the Whole World: Reflections of the Lausanne Theology Working Group" (2010) を参照。

(11) "Mission and Evangelism in Unity", CWME Study Document, 2000, §13.

(12) "Mission as Ministry of Reconciliation" in *You Are the Light of the World: Statements on Mission by the World Council of Churches 1980-2005*, ed. Jacques Matthey (Geneva, WCC Publications, 2005), 90-162を参照。〔WCC宣教伝道委員会『和解のミニストリーとしての宣教』。神田健次監修、加藤誠訳、『和解と癒し——21世紀における世界の伝道・宣教論』(キリスト新聞社、二〇一〇年)、一五—七六頁。〕

(13) "Report of WCC Consultation on Mission and Ecclesiology of the Migrant Churches, Utrecht, the Netherlands, 16-21 November 2010," *International Review of Mission*, 100.1 392 (April 2011): 104-107.

(14) Christopher Duraisingh ed., *Called to One Hope: The Gospel in Diverse Cultures* (Geneva, WCC Publications, 1998), 54.

(15) "Glory to God and Peace on Earth: The Message of the International Ecumenical Peace Convocation," WCC, Kingston, Jamaica, 17-25 May 2011, 2.

(16) "*Diakonia* in the Twenty First Century: Theological Perspectives," WCC Conference on Theology of *Diakonia* in the 21st Century, Colombo, Sri Lanka, 2-6 June 2012, 2.

(17) *Minutes and Reports of the Fourth Meeting of the Central Committee*, WCC, Rolle, Switzerland, 1951, 66.

(18) The Lausanne Movement, *The Cape Town Commitment*, 2010, Part I, 7 (b).〔日本ローザンヌ委員会訳『ケープタウン決意表明』(いのちのことば社、二〇一二年)を参照。〕

(19) Congregation for the Doctrine of the Faith, *Doctrinal Note on Some Aspects of Evangelization*, No.12, 2007, 489-504を参照。〔教皇庁教理省『教理に関する覚書――福音宣教のいくつかの側面について』、カトリック中央協議会ウェブサイト内、https://www.cbcj.catholic.jp/2007/12/03/9931/ を参照。〕

(20) WCC Central Committee, *Towards Common Witness: A Call to Adopt Responsible Relationships in Mission and to Renounce Proselytism* (1997).

(21) すべての教会がこの伝道理解を共有しているわけではない。ローマ・カトリック教会は、キリストを知らない人々に向けられた「諸国の民への宣教」(*missio ad gentes*)として「福音宣教」(evangelization)を理解している。それは、広義には通常の司牧活動を表す言葉として用いられ、「新しい福音宣教」は、キリスト教信仰を実践しなくなった人々に対する司牧活動を意味している。教皇庁教理省『教理に関する覚書――福音宣教のいくつかの側面について』を参照。

(22) World Council of Churches, Pontifical Council for Interreligious Dialogue, World Evangelical Alliance, *Christian Witness in a Multi-Religious World: Recommendations for Conduct* (2011).

(23) The San Antonio Report, 26; CWME, *Mission and Evangelism: An Ecumenical Affirmation* (1982), §34〔WCC世界宣教・伝道委員会、松田和憲訳『現代の宣教と伝道』(新教出版社、一九九一年)を参照〕; Duriaisingh, *Called to One Hope*, p.38.

(24) *Christian Witness in a Multi-Religious World* を参照。

(25) WCC, *Baar Statement: Theological Perspectives on Plurality* (1990) を参照。

(26) Pontifical Council for Interreligious Dialogue, *Dialogue and Proclamation: Reflection and Orientations on Interreligious Dialogue and the Proclamation of the Gospel of Jesus Christ* (1991), §9.〔教皇庁諸宗教評議会・

福音宣教省、ペトロ・ネメシェギ訳『対話と宣言——諸宗教間の対話とイエス・キリストの福音の宣言をめぐる若干の考察と指針』(カトリック中央協議会、一九九三年)を参照。〕

(27) *Christian Witness in a Multi-Religious World* を参照。

(28) *Called to One Hope*, 21-22; 24.

教会——共通のヴィジョンを目指して

橋本祐樹訳

はじめに

世界中の諸教派を訪問する中で、諸教派間の一致と種々の教派の内部での一致について、私は多くの挑戦を経験させられた。教会間の多くのエキュメニカルな対話は、彼らの間にある多者間的な関係にも寄与する一つの現実である。それによって新しい結びつきが生まれている。しかし、エキュメニカルな対話と同意の受容に際してより多くの運動を見出そうとする多くの人々の間では、一つの確かで理由のある焦りが存在する。少なくない数の諸教会は、分裂の可能性に関する新たな問題が存在していることにも気づいているのである。更に、いくつかの諸教派では、エキュメニカル運動は、より初期の時代に比べてより小さな重要性しか示さなくなっており、保たれるべき積極的な代弁者の数もより少なくなっている。断片化の傾向が生じており、多くをではなく、むしろ少数を結びつけていこうとすることへのより大きな考慮がある。もちろん、それらの新しい挑戦によって一致への召命が終わることはない。むしろ逆である。私たちはなお一致への召命の更なる次元を見出していかねばならないし、そして私たちがいつも愛によって抱かれており、かつまた愛へと召し出されていることを想い起こさなければならない（Ⅰコリ一三章）。

この文脈の中で、ＷＣＣの信仰職制委員会は私たちに一つの贈り物――教会に関する一つの声明――を届ける。これは彼らの長年にわたる教会論に関する働きの成果である。『洗礼・聖餐・職務』（一九八二年）及びそれに対する諸教派の応答から生まれてきた『教会――共通のヴィジョンを目指して』は、二〇一二年に中央委員会によって受理され、そして教会という主題について更なる熟慮を喚起するため、またこの文書に対する彼らの公式の応答を求めるために、諸教派に送られた。この研究と人々の応答のプロセスは、目に見える一致に向けた次のステップを見出すために、今後しばらく重要な役割を担うことになるだろう。教会論に関するその働きは、教会が本質的に構成する内容、そして教会の宣教が世において世のために意味している事柄すべてに関係する。ゆえに、『教会』は教会の本質と宣教とに根を下ろしているのである。この文書は、目に見える一致という目標に向かって互いに呼びかけ合う諸教派の団体という、ＷＣＣの組織としての目的と自己理解をも反映している。

一致はいのちの賜物、愛の賜物であり、一体主義や単独主義の原理ではない。破れや罪、そして悪が克服され得るために、彼の生涯、十字架、復活を通して、イエス・キリストのうちに私たちに贈られたいのちの一致を表していくという、諸教派を結びつける一つの団体としての召命を、私たちは与えられている。『教会』が次のように宣言する通りである。「イエスが種々のたとえ話において神の言葉を明らかにすることによって語り、またその力あるわざ、とりわけ彼の死と復活に関する復活の祝いの秘儀によって開示した神の国は、宇宙全体の最終的な運命である。神の御心によって教会は、自分自身のためにではなく世の変革を求める神の計画に仕えるために存在している」（§58）。

WCC総幹事　オラフ・フィクセ・トヴェイト

序文

合意文書『教会――共通のヴィジョンを目指して』は、キリスト教の一致に関する聖書的なヴィジョンに属している。すなわち「体は一つでも、多くの部分から成り、体のすべての部分の数は多くても、体は一つであるように、キリストの場合も同様である。つまり、一つの霊によって、わたしたちは、ユダヤ人であろうとギリシア人であろうと、奴隷であろうと自由な身分の者であろうと、皆一つの体となるために洗礼〔バプテスマ〕を受け、皆一つの霊をのませてもらったのです」（Ｉコリ一二・一二―一三）。

信仰職制委員会の主要な目的はこれである。「諸教派が、一つなる信仰と一つなる聖餐の交わりにおける目に見える一致――それは礼拝とキリストにある共同の生の中で、また世に対する証しと奉仕を通して現れる――に向けて互いに呼びかけ合うように、そして世が信じ得るためにその一致に向かって前進するように、諸教派に仕えること」（二〇一二年規約）。

目に見える一致へ向かって相互に呼びかけ合うというこの目指すべき目標は、信条が「一つの、聖なる、公同の、使徒的な教会」と呼んでいる事柄を、教会に関する真実な表現形態として、諸教派として相互に承認することを必然的に含意する。しかしなお、教会の分裂という特異な状況において、教会の本質と宣教に関する諸教派の熟慮は、それぞれの教派の教会論は相互に違っているだけではなく相互に調停不可能な仕方で向かい合っている、という疑念を呼び起こしている。そのため、教会論に関する同意が、キリスト教の一致のための取り組みの中でも最も本質的な神学的目標としてこれまで見なされてきたのである。信仰職制による今回の第二の合意文書は、最初の文書『洗礼・聖餐・職務』（一九八二年）と、それに対する種々の公式の応答――これが教会論の中でも鍵となる更なる調査を必要とする諸領域を同定した[1]――の結果として生じている。また同様に、この第二の合意文書は、研究文書『一つの洗礼――相互承認を目指して』（二〇一一年）の中で提起された諸々の教会論的な問いの結果として生じている。

信仰職制世界会議（一九九三年、World Conference）、三回の信仰職制全体委員会（一九九六、二〇〇四、二〇〇九年、Plenary Commission）、一八回の常置委員会（Standing Commission）、ならびに無数の起草のための会議（drafting meeting）において、二〇年間にわたり、正教会、プロテスタント、聖公会、福音系の諸教派、ペンテコステ系の諸教派、ローマ・カトリック教会から派遣された代表たちは、教会の本質と目的と宣教に関する包括的で、多者間的な、かつエキュメニカルなヴィジョンを明らかにしようと試みてきた。諸教派は、批判的かつ建設的に、共同声明へ向けた、より初期の二つの段階で応答した。信仰職制委員会は、『教会――共通のヴィジョンを目指して』をもって――その教会論に関する共同の、ないし合意の声明をもって――諸教派に返答する。『教会』によって達成されたその合意は、一つの驚くべきエキュメニカルな業績を意味している。

研究と公式の応答を請うために諸教派に向けて『教会』を送付することには、少なくとも二つの異なる、しかしまた深く相互に結びついている目標が付随する。第一に、刷新である。多者間的かつエキュメニカルな文書として、『教会』は、ある一つの教会論的な伝統をもって排他的には同定され得ない。一九九三―二〇一二年という長い過程において多くの諸教派の神学的な表明と教会的な経験が、この文書を読む諸教派が教会的な生をより充分に生きることに向けて彼ら自身挑戦されていることを見出すことができるように、まとめられてきた。すなわち、ある人々はそこに、疎かにされ、忘れ去られていた、教会的な生と理解に関する種々の観点を見出すだろう。他の人々は、自らが強められ、また肯定されるのを見出すだろう。キリストへと向かう長きにわたる一つの成長をキリスト者が経験する時、人々は自分たちが互いにより身近であり、一つのからだという聖書的なイメージに向かって生きているということを見出していくのである。「一つの霊によって、わたしたちは、ユダヤ人であろうとギリシア人であろうと、奴隷であろうと自由な身分の者であろうと、皆一つの体となるために洗礼〔バプテスマ〕を受け、皆一つの霊をのませてもらったのです」〔Ⅰコリ一二・一三〕。

第二の目標は、教会という主題に関する神学的な同意である。信仰職制による『洗礼・聖餐・職務』をもって達成された合意と全く同様に、それに応じて続いた公式の応答の過程が重要であった。

その応答を収める発刊された六巻の書物は、洗礼・聖餐・職務の諸領域をめぐる鍵となる問いに関して、諸教派の間で文書化された合意の様々な次元を明らかにした。キリスト教の一致に向けて『洗礼・聖餐・職務』によって明らかにされた教会的な合意の影響は、十分に文書化されたし、今なお継続している。『教会——共通のヴィジョンを目指して』に対する応答は、信仰職制によって達成された合意について評価を行うだけではなく、教会論という主題に関する諸教派間の合意のレベルを反映するものともなるに違いない。『洗礼・聖餐・職務』に対する応答において、洗礼という主題に関する合意が、洗礼に関する相互承認に向けた新しい勢いをもたらしたのと同じように、教会論という主題に関する同様の教会的な合意は、一つなる信仰と一つなる聖餐の交わりにおける目に見える一致へと互いに呼びかけ合う諸教派の相互承認のために、決定的な役割を担うことになろう。

信仰職制委員会にとっての「教会的な応答」は、当委員会のメンバーである諸教派、及びWCCにおける諸教派の団体を包括する。今回の文書への研究とコメントを請う私たちの招きを、エキュメニカル運動の中では新しいいくつかの諸教派が受け入れてくれることも望まれる。また、国を枠組みとする、あるいは特定の地域を枠組みとする種々の教会協議会と、世界的なキリスト教諸共同体（Christian World Communions）等の教会の体からの応答を、当委員会は歓迎する。彼らの間で交わされた公式の対話は、『教会』の中に反映されている合意にも非常に多くの貢献を果たしたのである。人々の応答の過程を導くために信仰職制によって用意された諸教派に対する種々の特定の問いは、この『教会』の「導入」の終わりに見出される。研究と応答のために備えられたそれらの問いは、神学的、実践的、牧会的な性質のものである。二〇一五年一二月三一日までに、公式な応答をWCC信仰職制事務局にまで送付いただけるよう、当委員会は要請する。

この文書は、その完成までに二〇年の歳月を要している。私たちはこの文書を成り立たせてくれた人々、ことに信仰職制委員会の委員たち、『教会の本質と目的』（一九九八年）及び『教会の本質と宣教』（二〇〇五年）に応答してくれた諸教派と神学者たち、信仰職制事務局の同労者たち、そして信仰職制委員会の議長とディレクターを務めた私たちの先任者たちに対して、彼らの尽力、祈り、神学的賜物を覚えて感謝を表明する。

信仰職制委員会　ディレクター　ジョン・ジボー

信仰職制委員会議長　コンスタンチアー エンモチョストス・ヴァシリオス

導入

「御心が行われますように」とは、キリスト教の全教派の数えきれない信仰者が日ごとに祈っている言葉である。イエスご自身が同様の言葉をゲッセマネの園で自らの逮捕の前に短く祈られた（マタ二六・三九—四二、マコ一四・三六、ルカ二二・四二を参照）。ヨハネによる福音書においてはさらに、イエスは教会に対する彼の意思を、世が信じるようになるために彼の弟子たちすべてが一つになるように（ヨハ一七・二一を参照）と彼が父なる神に祈った時に明らかにした。主の御心が行われますようにと祈ることは、それゆえ必然的に一致を求める御心と一致の賜物に喜んで応ずる真摯な努力を要求する。諸教派が交わりという主の賜物を全うしようとする際に依然として残っているいくつかの障害物を克服しようとする時に、諸教派が直面する最も難しい論点であると多くの人々が考えている事柄に——すなわち教会の本質に関する私たちの理解に——この文書『教会——共通のヴィジョンを目指して』は取り組んでいる。この賜物と目標の偉大な重要性が、以降の頁で取り扱われていく種々の論点の意義を際立たせる。

私たちの目的は一つの合意文書を提供すること、つまり熟慮されたすべての論点に関する完全な意見の一致を表現するわけではないが、更なる研究へ促す単なる道具以上の一つの合意文書を提供することである。種々のキリスト教共同体が教会に関する彼らの共通理解においていかに離れていたか、どのような進展が為されたのか、そしてどこでなお取り組みが続けられねばならないか——が以降には表現されなければならない。この文書は信仰職制委員会によって詳細な検討の末に作成され、その目的は、WCC全体にとってのそれと同様に、「諸教派が、一つなる信仰と一つなる聖餐の交わりにおける目に見える一致——それは礼拝とキリストにある共同の生の中で、また世に対する証しと奉仕を通して現れる——に向けて互いに呼びかけ合うように、そして世が信じ得るためにその一致に向かって前進するように、諸教派に仕えること」にある。(2)

このような目に見える一致は、三位一体の神を賛美し、そして世の変革と救済のための神の宣教に参与することを教会に可能にさせる聖餐の執行において、最も雄弁な表現を見出す。聖霊の導きのもとに一致という主の賜物が十分に実現され得るという希望のうちに、神の言葉に対する共同の熟慮を通して合意を得ようと努めたより初期のエキュメニカルな文書と同様に、教会論という主題に関する信仰職制の働きに対する近年の諸教派の応答がこの声明でも用いられている。ゆえにこれは多者間的な次元での対話の果実であり、とりわけ『教会の本質と宣教』に対する諸教派の種々の応答、二〇〇九年にクレタ島で開催された信仰職制全体委員会の会議による種々の提案、二〇一一年にキプロス島で開催された正教会との協議の貢献が考慮されている。加えて言えば、この文書は、ここ数十年間に

「教会」という主題を取り上げてきた多くの二者間対話において記録されてきた進展に基づいている。[3]

私たちは、『教会――共通のヴィジョンを目指して』が、三通りの仕方で諸教派に役立つことを希望する。⑴ここ数十年にわたる種々の重要な教会論的主題に関するエキュメニカルな対話の結果の総合を提供することによって。⑵この対話の結果を評価することに――すなわち積極的な成果を承認すること、欠陥を指摘すること、あるいはなお十分な注意が払われなかった諸領域を指摘することに――諸教派を招待することによって。⑶より大きな一致に向かって成長するように、との主の御心(エフェ四・一二―一六を参照)に関する自らの理解について熟慮する機会を諸教派に提供することによって。この文書が諸教派すべてを確かめ、豊かにし、挑戦することによって、情報提供、応答、成長というこれらの過程が、実質的な貢献を果たし、一致の完全な実現に向けたいくつかの決定的な歩みをも可能にすることを願っている。

この文書の構成は、私たちが取り組む教会論的な種々の論点に基づいている。『教会――共通のヴィジョンを目指して』は、キリスト教共同体が世の変革を助ける神の宣教の中にいかに自らの原点を見出すかを探求する、一つの章をもって開始する。教会は本質的に宣教的であり、一致は本質的にこの宣教に関係付けられている。第二章は、交わりとしての教会の理解に関する際立った種々の特徴をたどる。また同時に、聖書と後に続く伝統がいかに教会を神に関係づけているかに関して、また教会のあり方と構造にとってのこの関係の影響のいくつかに関して、多くの共同の熟慮の結果をも収集する。第三章は、神の国に向かう途上にある巡礼の民としての教会の成長に焦点を当てる。とりわけここでは、かつて諸教派を分裂させたいくつかの難しい教会論的問いが問題になる。これらの論点のいくつかに関するより大きな合意に向けた前進が記録され、諸教派がさらなる合意を求めるために必要となるポイントが明確にされる。第四章では、神の愛のしるし・仲介者として教会が世に対して関係する、そのいくつかの重要な方法について述べられる。例えば、宗教間的な文脈の中で教会がキリストを告知する、福音の倫理的な価値観を証しする、人間の苦難と困窮に応ずる、その方法についてである。

信仰職制の一九八二年の文書『洗礼・聖餐・職務』に対する多くの公式の応答は、合意文書の公刊の後に続く受容の過程が、文書化のプロセスとまったく同じように重要であるということを明らかにした。(4)『教会――共通のヴィジョンを目指して』が、教会論に関する真実な対話のための一つの道具として役立ち得るために、諸教派は、『教会』に対する真剣な考慮をただ与えるだけではなく、以下に示される種々の問いに対する熟慮のもとに信仰職制委員会に対する公式の応答を提出することを切に求められる。あらゆるものがその対話に対し、意味のある貢献を果たし得るのである。すなわち、

- この文書は、あなたの教会の教会論的な理解をどの程度まで言い表しているか。
- この文書は、諸教派間の一致が成長していくための基礎をどの程度まで提供しているか。

・この声明は、あなたの教会のあり方において、どのような適応ないし刷新を図るようあなたの教会に対して挑戦してくるか。
・あなたの教会は、この声明の教会に関する叙述が積極的な意味で承認している諸教派との生と宣教におけるより親しい関係を、どの程度まで作ることができるだろうか。
・教会の本質に関するどのような観点が、さらなる議論を必要としているだろうか。また、あなたの教会は、信仰職制による教会論の領域での継続的な働きのために、どのような助言を提供してくれるだろうか。

これらの一般的な種々の問いに加えて、読者は、この文書のいたるところに、分裂をなお残す特定の論点に関する二字下げにされたパラグラフを見出すだろう。それらの種々の問いは、熟慮へのきっかけを与え、一致への途上にある諸教派をさらなる同意へと促すよう意図されている。

第一章　神の宣教と教会の一致

A　神の救済計画における教会

1
教会とその宣教に関するキリスト教の理解は、あらゆる被造物のための神の偉大な救済計画（あるいは「経綸」）――イエス・キリストによって約束され、そして彼のうちに明らかにされた「神の国」――のヴィジョンに根ざしている。聖書の言葉によれば、男と女は神にかたどって創造されており（創一・二六―二七を参照）、ゆえに神との、また人間どうしでの交わり（ギリシア語のコイノニア）の能力を本来的に身につけている。創造における神の目的は、神と人間と創られた秩序の間の関係を傷つけた人間の罪と不従順によって妨げられた（創三―四章、ロマ一・一八―三・二〇を参照）。しかし、神は人間の罪と過ちにもかかわらず、誠実に人間にとどまられた。神によるコイノニアの回復に関するダイナミックな物語は、イエス・キリストの受肉と復活の秘儀においてその不可逆的な成就を見出した。キリストのからだとしての教会は、聖霊の力によって、そのいのちを与える宣教を彼らの預言者的であわれみ深い職務において継続し、引き裂かれた世の救済に関する神の働きに参与する。聖なる三位一体の神のいのちそのものを源泉とする交わりは、それを通じて教会が生きる賜物でもあり、また同時に、和解と癒しの希望のうちに、傷つき分裂した人類に対して神が教会にもたらすように求める賜物でもある。

2

世における働きの際、イエスは「町や村を残らず回って、会堂で教え、御国の福音を宣べ伝え、ありとあらゆる病気や患いをいやされた。そして群衆を見て、深く憐れまれた」（マタ九・三五―三六）。教会はイエスのわざと約束それ自体から由来する使命を持っている。イエスは、ただ言葉と行為において神の国を告げ知らせただけではなく、聖霊によって強められた男たちと女たちを召し出し、そして派遣した（ヨハ二〇・一九―二三）。その昇天の前にイエスが使徒たちに向けた最後の言葉が次のような内容であったことを、使徒言行録は私たちに教えている。「あなたがたの上に聖霊が降ると、あなたがたは力を受ける。そして、エルサレムばかりでなく、ユダヤとサマリアの全土で、また、地の果てに至るまで、わたしの証人となる」（使一・八）。四つの福音書は各々、宣教の指示をもって締めくくられている。マタイは次のように伝えている。「イエスは、近寄って来て言われた。『わたしは天と地の一切の権能を授かっている。だから、あなたがたは行って、すべての民をわたしの弟子にしなさい。彼らに父と子と聖霊の名によって洗礼を授け、あなたがたに命じておいたことをすべて守るように教えなさい。わたしは世の終わりまで、いつもあなたがたと共にいる』」（マタ二八・一八—二〇。マコ一六・一五、ルカ二四・四五—四九、ヨハ二〇・一九—二二をも参照）。このイエスの命令は、この宣教を担っていくために彼が彼の教会に何を求め給うたかを指し示している。教会は、あらゆる国の人間を救いの信仰に招きつつ、イエスが先立って告げ知らせた神の国を告知する証しの共同体でなければならなかった。教会は、聖なる三位一体の神の名における洗礼によって新たなメンバーたちを導き入れる、礼拝の共同体でなければならなかった。教会は、神の言葉の告知を通して、また洗礼と主の晩餐の執行を通じて、使徒たちが新しい信仰者たちをイエスご自身が命じられたことに忠実であるように導く、弟子の共同体でなければならなかった。

3

聖霊降臨日の朝、聖霊は弟子たちの上に、彼らに託された宣教の開始に向けて彼らに備えをするために降ってきた（使二・一—四一を参照）。世を救う神の計画（時にそれはラテン語の表現 *missio Dei*、あるいは the mission of God をもって言及される）は、神の子と聖霊の派遣を通して遂行される。聖なる三位一体の神のこの救済の働きは、教会の適切な理解にとって本質的である。信仰職制による研究文書『一つなる信仰の告白』の中で強調されていたように、「聖霊を通したイエス・キリストにおける神の働きと教会の現実性の間には解くことのできない結びつきが存在していることを、キリスト者たちは信条をもって信じ、かつ告白する。このことは聖書によって証言されている。教会の起源は、人類の救済のための三位一体の神の計画のうちに根ざしているのである」[5]。

4

イエスご自身の言葉によって、彼の働きは、貧しい人々に喜ばしい知らせを説教すること、囚われた人々を解放すること、目の見えない人々を見えるようにすること、抑圧された人々を解放し、主の恵みの年を告げ知らせることにその本質を持つ（イザ六一・一―二を引用するルカ四・一八―一九を参照）。「教会の宣教は――神と神の被造物の間の仲介者としてのキリストの職務を共有する――キリストのからだとしての教会の本質から生じている。世における教会の召命のその中心には、十字架にかけられ復活した主イエスによって新たに開かれた神の国の告知がある。聖餐の礼拝におけるその内なる生命、感謝の祈り、とりなしの祈りを通して、また宣教と福音伝道の遂行を通して、貧しい人々と連帯する日々の生き方を通して、人間を抑圧する種々の力との対決にさえ踏み込む弁護を通して、教会はこの福音的な召命に応えることを試みる」[6]。

B　歴史における教会の宣教

5
これらの原点ゆえに、教会は、キリストにおける救済の喜ばしい知らせに関する言葉と行為を通じた告知に、サクラメントとりわけ聖餐の執行に、そしてキリスト教共同体の形成に、いつも専念してきた。これらの努力は、時に苦々しい抵抗に直面した。教会は敵対者によって時に妨げられ、あるいは使いの者の罪深さによって裏切られさえした。このような種々の困難にもかかわらず、この告知は多くの実を結んだ（マコ四・八、二〇、二六―三二を参照）。

6
教会にとっての一つの挑戦は、いかにキリストの福音を告知するのか、という問題であった。ある意味ではそれは、その告知に触れる、様々に異なる文脈、言語、文化を持つ人々の中でどうやって応答を呼び起こすかという問題である。アテネのアレオパゴスにおける、地域の信心と文学を用いながらの聖パウロのキリストに関する説教（使一七・二二―三四）は、最初期の世代のキリスト者たちがイエスの死と復活の喜ばしい知らせをどのように共有しようと試みたかを例証している。彼は、注意を引き寄せながら、必要な際には聖霊の導きのもとにその聞き手たちの文化的遺産を変形させて、人々が生きている社会の幸福を助長する一つのパン種として仕えつつ、語ったのである。何世紀にもわたって、キリスト者たちは、エルサレムから地の果てに至るまで（使一・八を参照）拡大し続けるその領域の中で福音を証ししてきた。彼らのイエスに対する証しは、しばしば殉教を結果した。だが、それはまた信仰の伝播と地球の隅々に至るまでの教会の設立につながってきた。時に、福音を告知された側の人々が持つ文化的・宗教的な遺産は、当然受けて然るべき敬意を払われなかった。例えば、より強力な侵略国家から自らを守ることができない人々から略奪をし、そして全滅さえさせた帝国主義的な植民地化と、その福音伝道への従事が共犯的であった時などが、まさにそうであった。そのような悲劇的な出来事にもかかわらず、人間の罪深さよりもずっと力強い恵みは、多くの国でキリストの真実な弟子たち、友人たちを生み出し、多くの文化の豊かな多様性の中で教会を設立することができた。一つなるキリスト教共同体の一致の中にあるこのような多様性は、聖書がキリストの花嫁にその性質を見出す美しさの現れとして〔新約聖書の〕幾人かの初期の書記者によって理解されていた（エフェ五・二七、黙二一・二）。[7] かつて外国人宣教師たちを歓迎した諸教会に由来する信仰者たちは、今日、彼らが最初に福音に触れた、宣教師たちが属していた機関の諸教会を援助するようになっている。[8]

7

今日、急速に変化する状況の中で、神の国の告知が世界中で続けられている。特にいくつかの発展が、教会の宣教と自己理解に挑戦を投げかけている。こちらにはイエスのみが世界の唯一の救い主であるとする告知があり、他方には他の種々の宗教の真理の主張がある――それらの間の関係について自らの熟慮を深めるよう、広く普及した宗教多元主義的な意識はキリスト者たちに挑戦する。通信手段の発展は、福音を告知し、キリスト教的な交わりを設立しかつ維持するための新しい方法を模索するよう、諸教派に挑戦する。教会であることの新しいあり方を提案する「新興教会」は、初めに受け取ったものに忠実な仕方で今日のニーズと関心に応答する方法を見出すよう、他の諸教派に挑戦する。神へのどのような言及もなしに人間生活はそれ自身で事足りていると考えるゆえに多くの人々が信仰の実際的な可能性に疑問を抱いているという状況をもって、グローバルな世俗的文化の発展は教会に挑戦する。ある場所では、教会は、会員数の急激な減少という挑戦に直面しており、多くの人々によって自分たちの生活にもはや関連がないものとして認識されており、そのゆえに、なお信じている人々は新たな福音伝道の必要性を訴える。これらの挑戦と特定の文脈の中で生じ得る他の種々の挑戦に直面することにおいて、すべての諸教派は福音伝道の課題を共有するのである。

C　一致の重要性

8　教会の宣教と本質にとってのキリスト教の一致の重要性は、新約聖書の中ですでに明白であった。使徒言行録一五章とガラテヤの信徒への手紙一―二章において、異邦人に対する宣教が緊張を生み出し、キリスト者の間の分裂を引き起こしかけていたことは明らかである。ある意味では、現代のエキュメニカル運動は、エルサレムでのあの最初の使徒会議の経験を追体験している。この文書〔『教会』〕は、あらゆる諸教派の指導者たち、神学者たち、そして忠実な信仰者たちに対する、世の救済のためにイエスが自らの命を捧げる前夜にイエスが祈り願っていた一致を探し求めることへの招きなのである（ヨハ一七・二一を参照）。

9　ニカイア・コンスタンティノポリス信条（三八一年）が「一つの、聖なる、公同の、使徒的な教会」と呼んでいるものの真実な現前を、諸教派が他なるもの〔他なる教会・教派〕の中に認めることができるよう、目に見える一致は要求する。ある場合には、この承認もやはり、ある特定の共同体の内部での教義、実践、職務の変更にかかっているだろう。これは、一致に向けた旅の途上にある諸教派にとって一つの重大な挑戦を意味している。

10 現在、ある人々は、キリストの教会を排他的な仕方で自分自身の共同体と同一視する。他方では、別の人々が、自分自身の共同体以外の他の共同体について、真実を含むものの、教会を構成する諸要素の不完全な現前にすぎないと認知する。また他の人々は、礼拝の共有を時に含む、様々な種類の協約関係に参加する。[9] ある人々は、キリスト者であることの説得的な主張を提示するすべての共同体にキリスト教会が見出されるものと考え、他方では、別の人々が、キリストの教会は目に見えず、この地上での巡礼の間は適切に識別され得ないと主張する。

一致の方法に関する根本的な論点

一九五〇年のトロント宣言以来ずっと、WCCは「キリストの教会のメンバーシップが、自分たち自身の教会のからだのメンバーシップよりも、より包括的であることを認識する」よう諸教派に挑戦してきた。さらに、諸教派とそのメンバーたちの間の相互の敬意は、エキュメニカルな出会いによって大いに強められ、そして促進された。それにもかかわらず、いくつかの基本的な問いに関して相違は残っており、共に立ち向かう必要がある。すなわち、「信条が、一つの、聖なる、公同の、使徒的な、と呼んでいる教会を、私たちはどのようにして識別することができるのか」。「この教会の一致を求める神の御心とは何なのか」。「神の御心を実現するために、私たちは何をしなければならないのか」。この文書は、共同の答えを求めてこのような問いを熟慮するよう、諸教派を支援するために記されたのである。[10]

第二章　三位一体の神の教会

A　教会に対する神の御旨の識別

11　聖書は規範的なものであるという確信をすべてのキリスト者は共有しており、それゆえに聖書の証言は、教会に関するより大きな同意を得るためのかけがえのない資料を提供する。新約聖書は体系的な教会論を提供してはいないが、種々の報告――初期の共同体の信仰、弟子の時代の人々の礼拝と実践、奉仕や指導の様々な役割、そしてさらに教会のアイデンティティを表現するために用いられた様々なイメージやメタファーに関する報告――を提供している。教会の内部での後代の解釈は、聖書の教えに忠実であることをいつも求めつつ、歴史的な過程の中で教会論的な洞察を積み重ねてきた。霊感を受けた聖書テキストを生み出すに際して最初期の種々の共同体を導いた同じ聖霊は、世代から世代にわたって、福音に忠実であることに努めるようイエスの後を行こうとする人々をなお導き続けている。これは、教会の「生ける伝統」によって理解される事柄である。[11] 伝統の偉大な重要性は、種々の共同体のほとんどによって認められている。だが、いかにその権威を聖書のそれに関係付けるかの判断において、それぞれは異なっている。

12

種々様々な教会論的な洞察が、新約聖書の諸文書と後代の伝統の中に見出され得る。新約聖書正典は、この複数性を受け入れることによって、正当な多様性の限界を否定することなしに、教会の一致に対するその融和性を保証している。[12] 正当な多様性というのは、キリスト教共同体の本質にとって副次的なものではなく、むしろその公同性に関する一つの観点であるし、また、救済がキリストにおいて受肉し、そのことによって福音を告知された様々な人々の間で救済が「受肉する」という神の計画にそれが属しているという事実を反映する、一つの属性なのである。教会の秘儀に対する適切なアプローチは幅の広い種々のイメージと洞察に関する使用と相互的作用を要求する（神の民、キリストのからだ、聖霊の神殿、ぶどうの木、ひつじの群れ、花嫁、家族、兵士、友など）。この文書〔『教会』〕は、伝統に由来する洞察と、聖書の証言の豊かさに依拠したいと願っている。

B　コイノニアとしての三位一体の神の教会

父・子・聖霊なる神のイニシャティヴ

13 「独り子を信じる者が一人も滅びないで、永遠の命を得るため」に、「その独り子をお与えになったほどに、世を愛され」（ヨハ三・一六）、そして、それらの信仰者たちにすべてのことを教え、イエスが話したことをことごとく思い起こさせてくださる聖霊をお遣わしになった（ヨハ一四・二六を参照）――その神に拠って存在することへと教会は召し出されている。教会において、聖霊を通じて、信仰者たちはイエス・キリストと一つに結び合わされ、それゆえに、彼らに語りかけて彼らの確かな応答を呼び起こす父なる神との生きた関係を共有する。教会の本質と一致に関する共通理解に向けたエキュメニカルな探求の中で、コイノニアという聖書の概念は中心的なものとなっている。交わりとは、その既存の形態において特定の場に在る諸教派の連合を単に意味するものではない、ということをこの探求は前提としている。「一緒に何かを持つ」「共有する」「関わる」「参加する」、あるいは「一緒に行う」を意味する一つの動詞に由来する名詞、コイノニア

（交わり、参加、親交、分かち合い）は、主の晩餐での分かち合い（Ｉコリ一〇・一六—一七を参照）、ペトロ、ヤコブ、ヨハネとのパウロの和解（ガラ二・七—一〇を参照）、貧しい人々のための寄付（ロマ一五・二六、Ⅱコリ八・三—四を参照）、そして教会の経験と証し（使二・四二—四五を参照）について物語る聖書箇所において現れる。神的に打ち立てられた一つの交わりとして、教会は神のものであり、自分自身のために存在するのではない。教会はまったくその本質からして宣教的であり、人類全体と全被造物のために神が御国において望んだあの交わりを自らの歩みにおいて証しするために召し出され、遣わされている。

14

教会は、福音に——肉となった言、父なる神の子、イエス・キリストの告知に——その中心を置かれており、その基礎を据えられている。「あなたがたは、朽ちる種からではなく、朽ちない種から、すなわち、神の変わることのない生きた言葉によって新たに生まれたのです」（Ｉペト一・二三）という新約聖書の言葉に、このことはよく表されている。福音の説教を通して（ロマ一〇・一四—一八を参照）、聖霊の力のもとに（Ｉコリ一二・三を参照）、人間は救いの信仰へと至り、そしてサクラメントという手段によってキリストのからだに組み入れられる（エフェ一・二三を参照）。この教えに従って、いくつかの共同体は、教会のことを *creatura evangelii*「福音の産物」(creature of the Gospel)[13] と呼ぶのである。教会の本質に関する一つの決定的な観点は、神の言葉に耳を傾け、かつそれを告知する共同体であることなのである。教会は福音からいのちを汲み出し、自らの旅路の方向性を絶えず新たに発見する。

15 天使による受胎告知に対する神の母マリアの応答「お言葉どおり、この身に成りますように」（ルカ一・三八）は、教会と個々のキリスト者の象徴として、またその模範として見られてきた。信仰職制の研究文書『教会と世界』（*Church and World*, 1990）は、彼女が神の言葉を受け取り、かつ応答しているという点で、マリアは「キリスト教共同体の本質に関する諸次元をすべて理解しようと努めるあらゆる人々のための一つの重要な範例」である、と言及した（ルカ一・二六―三八）。すなわち、彼女は良き知らせの喜びをエリサベトと分かち合う（ルカ一・四六―五五）。御子誕生の出来事とイエスの子供時代を理解するために、黙想し、苦しみ、そして努める（マタ二・一三―二三、ルカ二・一九、四一―五一）。弟子としてのあり方に関する十全な意味を把握しようとする（マコ三・三一―三五、ルカ一八・一九―二〇）。イエスの十字架の下に立ち、墓にある彼のからだに伴い（マタ二七・五五―六一、ヨハ一九・二五―二七）、そしてペンテコステの聖霊を弟子たちと共に待ち、それを彼らと共に受けている（使一・一二―一四、二・一―四）。[14]

16 彼らを導いて真理をことごとく悟らせるために、自らの弟子たちに霊を送るようキリストは父なる神に願った（ヨハ一五・二六、一六・一三）。それは、個々の信仰者に対して信仰や他の特別な賜物を授けるだけではなく、基本的な種々の賜物、特性、職制をもって教会を備えをもする霊なのである。説教された福音の生ける言葉を通じて、サクラメンタルな交わり、とりわけ聖餐を通して、そして奉仕に関する種々の職務を通して、聖霊はキリストのからだを養い、活気づける。

17

預言者的、祭司的、王的な神の民

アブラハムの召命の中で、神は彼のために一つの聖なる民を選んでいた。預言者たちは、次のような力強い定式化した表現で、頻繁にこの神の選びと召命を思い起こさせた。「わたしは彼らの神となり、彼らはわたしの民となる」（エレ三一・三三、エゼ三七・二七。Ⅱコリ六・一六、ヘブ八・一〇でも繰り返されている）。イスラエルとの契約は、救済計画の漸進的な実現において、いつも決定的な契機となった。イエスの職務、死、復活と、聖霊の派遣において、神がすべての人間をご自身とお互いとに一つに結び合わせるという目的のために新しい契約を打ち立てられたということを、キリスト者たちは信じる。キリストによって立てられたその契約には真正の新しさがあり、そして教会は、神の計画の中で、神が彼らに対していつも真実であり続けようと望まれる最初の契約の民に、なお深く関係を留め続けるのである（ロマ一一・一一―二六を参照）。

18 旧約聖書の中で、イスラエルの民は、地上の氏族はすべてアブラハムによって祝福に入るという約束の履行に向けて旅をしている。キリストへと向き直った人々はすべて、十字架上で彼がユダヤ人と異邦人の間の隔ての壁を壊した時に、その約束が彼のうちに実現されたことを見出す（エフェ二・一四を参照）。教会は、一つの「選ばれた民、一つの王の系統を引く祭司職、一つの聖なる国民、神のものとなった民」なのである（Ⅰペト二・九—一〇）[1]。その者の犠牲が新しい契約を制定するイエス・キリストの唯一無二の祭司職を認めるその一方で（ヘブ九・一五を参照）、自らの体を「神に喜ばれる聖なる生けるいけにえ」（ロマ一二・一）として献げることによって、教会が「王の系統を引く祭司」と名付けられたその事実を自らの生を通して表現することへと信仰者たちは召し出される。教会をたて上げるために、そしてキリストの宣教におけるそれぞれの役割のために、すべてのキリスト者は聖霊の賜物を受ける。それらの賜物は全体の益のために与えられており（Ⅰコリ一二・七、エフェ四・一一—一三を参照）、個々の共同体と地域的共同体のすべてに対して、そして一つの全体としての教会に対して、教会の本質に属するあらゆる次元での責任と相互的な説明義務を課す。霊によって強められ、キリスト者たちは奉仕の多様な形態の中で、各々の弟子としてのあり方を実現するよう召し出されているのである。

19 神の言葉に対する証言を担う預言者的な民であるように、そしてキリストへの服従においていのちの犠牲を捧げる祭司的な民であるように、また神の統治の確立のための道具として仕える王的な民であるように、神の民全体が召し出されている。教会のすべてのメンバーはこの召命を共有する。十二弟子の召命と派遣において、イエスは、自らの弟子たちの共同体の指導のための基礎を、神の国の継続的な告知の中に置いた。その実例に対して忠実に言えば、最初期の時代から、いくらかの信仰者たちが霊の導きのもとに選ばれていたのであり、特定の権威と責任を与えられていた。叙任／按手礼を受けた聖職者たちは「神の言葉を告知し、教えることによって、またサクラメントの執行によって、そして、その礼拝と宣教と配慮する職務を通じて共同体のあり方を導くことによって、キリストのからだを招集し、たて上げる[15]」。叙任／按手礼を受けた者と信徒、キリストのからだに属するすべての人々が、神の祭司的な民として相互的な関係の中に立っている。叙任／按手礼を受けた聖職者たちは、一致と宣教の源であるイエス・キリストへの信頼について、人々が自らの職務を彼への信頼のもとに理解している時でさえ、その共同体に思い起こさせる。同時に彼らは、ただ教会において、ただ教会のために、自らの召命を果たしていく。彼らは承認、助け、励ましを必要としている。

20 異なる各々の伝統に属する諸教派の間には、職務の中心的な地位に関する広範囲に及ぶ同意がある。このことは、信仰職制の文書『洗礼・聖餐・職務』（一九八二年）において簡潔に述べられていた。この文書は、「イエスは神の国の証人となる弟子たちを選び、そして遣わした」[16]と言及しつつ、「教会は特定の権威と責任を保持する人々なしには存在してこなかった」と言明した。マタイによる福音書の二八章において、一一人の弟子に対してイエスが託した宣教の中には「全体の益のために、そのメンバーたちのうちの何人かによって果たされるべき、キリストによって教会に与えられた御言葉、サクラメント、監督の職務が含まれていた。職務に関するこの三つの機能は、世における宣教のために教会を備えるのである」[17]。神の民全体の王的な祭司職（Ⅰペトニ・九を参照）と叙任／按手礼を受けた特別な職務は、ともに教会の重要な観点なのであり、互いに排他的に、何れかのみを選択するようなものとして見出されるべきではないということを、同意された種々の声明は明らかにしている。そして、共同体の最終的な意思決定を誰が下すことが相応しいかということに関して、諸教派は異なっている。すなわち、あるところでは、その課題は叙任／按手礼を受けた人々に限定されており、他方では、信徒がそのような意思決定の役割を担うものと考えられている。

キリストのからだと聖霊の神殿

21 キリストは、彼のからだである教会の変わることのないかしらであり、教会を導き、清め、癒す（エフェ五・二六を参照）。同時に、キリストは教会に親しく結びつかれ、霊をもって教会全体にいのちをお与えになる（ロマ一二・五。Ⅰコリ一二・一二も参照）。キリストにある信仰は、そのからだのメンバーシップにとって根本的である（ロマ一〇・九）。大抵の伝統的な理解に拠れば、人間がキリストに属するメンバーとなるのは、加入の儀礼ないしサクラメントを通じてであり、主の晩餐においてはキリストのからだへの彼らの参与（Ⅰコリ一〇・一六を参照）がいつも繰り返し更新される。聖霊は、そのメンバーたちの上に様々な賜物を贈り、そのからだをたて上げるために彼らに一致の実を結ばせる（ロマ一二・四―八、Ⅰコリ一二・四―三〇を参照）。聖霊は彼らの心を再び新しくし、彼らを良い働きのために備えて召し出し、そうして世における神の国の進展のために彼らが主に仕えることを可能にする。このように、教会はキリストに明示的かつ一義的に差し向けられているにもかかわらず、キリストのからだというイメージは、新約聖書全体にわたって証言されるように、聖霊との関係をも深く含意する。このことに関する鮮やかな例は、ペンテコステの朝、泊まっていた家の上の部屋に集まっていた弟子たちの上に炎のような舌が降ったとするあの報告である（使二・一―四を参照）。聖霊の力によって、信仰者たちは「主における聖なる神殿」（エフェ二・二一―二二）、「霊的な家」（Ⅰペト二・五）へと成長する。聖霊に満たされて、彼らは、礼拝、証し、奉仕に向けた自らの召命に値する生活に至るように召し出されたのであり、平和の絆のうちに霊による一致を保つことに熱心であった（エフェ四・一―三を参照）。告知の役目と、すべての被造物がうめき求めている全き贖いをもたらすという役目を果たすために、聖霊は教会を活気づけ、そして備えるのである（ロマ八・二二―二三を参照）。

22

一つの、聖なる、公同の、使徒的な教会

三八一年にコンスタンチノープルで開催された第二回公会議の時代以降、教会について、一つの、聖なる、公同の、使徒的な、と言明するその信条〔ニカイア・コンスタンティノポリス信条〕を、ほとんどのキリスト者は自らの典礼に加えてきた。相互に分離されず、相互に特徴付け合い関係付けられているそれらの属性は、信じる者たちがそのあらゆる人間的な弱さの中で実現するよう絶えず召し出されている、教会への神の賜物である。

- 神がお一人であられるゆえに、教会は一つである（ヨハ一七・一一、Iテモ二・五を参照）。結果、使徒的な信仰は一つであり、キリストにおける新しい生は一つであり、教会の希望は一つである。[19] 世が信じるようになるために彼の弟子たちすべてが一つになるようにイエスは祈り（ヨハ一七・二〇―二一を参照）、彼らが一つのからだとなるために霊を遣わした（Iコリ一二・一二―

一三）。種々の教派の内部の、そして諸教派間の現在の分裂は、この単一性とは対照的である。「分離や排除が勝利することのないように、信仰、希望、愛という聖霊の賜物を通じて、これらは克服されねばならない」[20]。しかし、あらゆる分裂にもかかわらず、諸教派すべてが彼ら自身を一つの福音において立てられたものと理解しており（ガラ一・五―九参照）、彼らは各々のあり方の多くの特徴の中で一つに結び合わされている（エフェ四・四―七を参照）。

• 神が聖なる方であられるゆえに、教会は聖なるものである（イザ六・三、レビ一一・四四―四五を参照）。イエスが「教会を愛し、教会のために御自分をお与えになった」のは「言葉を伴う水の洗いによって、教会を清めて聖なるものとし、しみやしわやそのたぐいのものは何一つない、聖なる……教会を御自分の前に立たせるためでした」（エフェ五・二五―二七）。完全に聖である神の名において教会が告知し、行う、聖なる言葉と活動を通じて、また聖なる男と女を通して、あらゆる世代の中で教会の本質的な聖性が証しされてきた。それにもかかわらず、この聖性と矛盾し、教会の真の本質と召命の逆を行く罪は、いつも繰り返し信仰者たちの生を歪めてきた。ゆえに、教会の聖性の一部は、悔い改め、刷新、改革へと絶えず人々を召し出す職務なのである。

• 「すべての人々が救われて真理を知るようになることを望んでおられ」る（Ⅰテモ二・四）神の溢れるほどの寛大さのゆえに、教会は公同的（catholic）である。神のいのちを与える力を通して、教会の宣教はあらゆる障壁を越え、すべての人々に福音を告知する。例えば聖餐式の執行のような、キリストの秘儀全体が現前するところにも公同の教会がある（アンティオキアのイグナティオス、スミルナ人への手紙六を参照）〔2〕。文化的な相違、ないし他の何らかの相違が、分裂への展開を許してしまうような時には、教会にとって不可欠である公同性は傷つけられる。聖霊の力によって教会に授けられたこの真理といのちの充溢を具体化することを阻むあらゆる障害を取り除くよう、キリスト者は召し出されている。

- 父なる神が教会をたてるためにその独り子を遣わしたゆえに、教会は使徒的である。独り子も同様に、使徒たちと代弁者たちを選び出し、ペンテコステでの聖霊の賜物によって力を与え、遣わした。彼らが礎となって仕え、宣教を監督するためである（エフェ二・二〇、黙二一・一四、またローマのクレメンス、コリント人への手紙四二も参照）〔3〕。キリスト教共同体はこれらの使徒的な起源に対していつも忠実であるよう召し出されている。礼拝、証し、奉仕における不誠実は、教会の使徒性に相反する。聖霊の導きのもとでの職務における使徒的な継承（apostolic succession）は、教会の使徒性に仕えるために意図されている(21)。

23 既述のパラグラフ（13—22）の内容によって、教会が、諸教派に集う個々の信仰者たちの単なる総体ではないことは明らかである。教会は根本的に三位一体の神における共同体であり、同時に、共同体全体の源であり中心である三位一体の神のいのちと宣教にそのメンバーたちが共に参与する共同体である（Ⅱペト一・四を参照）。そのようにして教会は、神的なものであり、人間的でもある、一つの現実なのである。

24

教会が神的なものと人間的なものとの出会いの場であるという共通する主張がある一方で、それにもかかわらず、教会における聖霊の働きが制度的な構造や聖職者の職制に関係付けられる仕方に関して、諸教派は異なる感覚を、あるいは対照的な確信さえも保持している。ある人々は、教会の職制に関する既定の基本的な観点を、キリストご自身によって永久に望まれ、制定されたものと考えている。それゆえ、福音に対する忠実さにおいて、そのキリスト者たちは、神的に制定されたその仕組みを変更することに対して根本的に権限を持とうとはしない。ある人々は、神の召命に依拠する教会の秩序付けは、一つの形態を超えてより多くのものを是認し得ると主張しており、その他方では、他の人々が、ただ一つの制度的な職制が神の御心に帰せられることなどあり得ないと主張している。ある人々は、福音に対する忠実さが、時に制度的な連続性を壊すことを要求するだろうと考えている。そして他方では、他の人々が、分離につながるような衝突なしに種々の困難を解決することによってこそ、そのような忠実さが保たれ得ると強調する。

教会における連続性と変化は、どのように神の御心に関係するのか

人々の根気強い出会いを通して、相互の敬意と配慮の精神のうちに、多くの諸教派が、教会における連続性と変化に関する各々の異なる感覚と確信について、より深い理解を持つようになった。教会の秩序付けを求める神の御心に従うという同じ意図が、あるところでは連続性への献身を、別のところでは変化への献身を鼓舞することがあり得る——ということが、そのより深い理解の中で明らかになっている。教会の秩序付けに神の御心を探し求める各々の献身を認め、それに対して互いに敬意を表すことへと、私たちは諸教派を招く。またさらに、連続性と変化に関する種々の論点を熟慮するために異なる諸教派において用いられる基準について共に意見を出し合うことへと、諸教派を招く。和解を呼びかけるキリストの切迫した呼びかけ（マタ五・二三—二四を参照）を顧みることによる更なる発展を、その基準はどの程度まで可能にするだろうか。それは新たなアプローチのための機会となり得るだろうか。

C　世のための神の救済計画のしるし・奉仕者としての教会

25 キリストの主権のもとにある交わりに人類とすべての被造物を集めることが、神の救済計画である（エフェ一・一〇を参照）。三位一体の神の交わりの鏡像として、教会はこの目標に仕えることを意図されているのであり、人間に対する神の恵みを明らかにし、彼らがそのために創造されており、また彼らの喜びがそこにおいて究極的に見出される目的——天の大軍と共に神を賛美し、神に栄光を帰すること——の達成に向けて彼らを助けるために召し出されている。教会のこの宣教は、そのメンバーたちによって、彼らのそれぞれの生の証しを通して、あり得るならばイエス・キリストの喜ばしい知らせの開かれた告知を通じて果たされる。この目的に仕えることが、教会の宣教である。すべての人々が救われて真理を知るようになることを望まれる神の御心のゆえに（Iテモ二・四を参照）、神は、人間の目には即座には明らかにならないだろう方法で、教会の明示的なメンバーではない人々に手を伸ばしておられるということを、キリスト者は認める。他の諸宗教および宗教を持たない人々の間で見出され得る、真理と善の諸要素に敬意を払うと同時に、教会の宣教は、イエス・キリストを知り愛するよう、証しと証言を通じてすべての男と女を招くことに留まる。

26 いくつかの新約聖書の箇所は、「秘儀」（mistery, misterion）という術語を、キリストにおける神の救済計画（エフェ一・九、三・四—六を参照）とキリストと教会の間の密接な関係（エフェ五・三二、コロ一・二四—二八を参照）の両方について語るために用いている。このことは、単にその目に見える外観を見るだけでは把握され得ない霊的で超越的な性質を、教会が保持していることを示している。教会の地上的な次元と霊的な次元は、切り離され得ない。キリスト教共同体の組織的な構造は、典礼において執行されるキリストにおける救済という神の賜物の観点から見出され、その良し悪しを評価されることを必要としている。救済の秘儀と人間の変容を自らのあり方の中で具体化する教会は、キリストを通じてすべてのものを神と互いとに和解させるキリストの宣教に参与する（Ⅱコリ五・一八—二一、ロマ八・一八—二五を参照）。

27

自らの普遍的な救済計画を実現にもたらすための特別に認められた手段として神は教会をたてたとする幅広い同意があるが、いくつかの共同体は、他の人々が通常そのような術語を用いないか、あるいは完全に拒絶する「サクラメントとしての教会」について語ることによって、このことが適切に表現され得ると考えている。三位一体の神における交わりを通じて人間が互いに交わるための有効なしるしであり手段（時に道具 instrument という言葉によって記述される）として教会を理解するゆえに、その人々は「サクラメントとしての教会」という表現を用いるのである。[22] この表現の使用を控える人々は、この術語の使用が全体としての教会と個々のサクラメントの間の区別を不明瞭にしかねず、そしてそれが共同体のメンバーたちの間になお現前する罪深さを見過ごすことを結果しかねないと考えている。神が救済の立案者であるということにはすべての者が同意するが、救済活動における教会とその儀礼の本質と役割を種々の共同体が理解するその仕方に、相違が現れるのである。

「サクラメントとしての教会」という表現

「サクラメントとしての教会」という表現を用いる人々は、サクラメント独自の「サクラメント性」を否定しないし、人間である聖職者たちの弱さを否定することもない。他方で、この表現を拒絶する人々は、教会が神の現前と働きの有効なしるしであることを否定しない。したがってこれを、言語表現に際する正当な相違の中で両立可能な、相互に許容できる問題として見なすことができるのではないだろうか。

D　一致と多様性における交わり

28　交わりの生における正当な多様性は、主からの賜物である。聖霊は、互いに補い合うための多様な賜物を全体の益のために信じる者たちに授けた（Iコリ一二・四―七を参照）。完全に一つに結び合わされるために弟子たちは召し出されたし（使二・四四―四七、四・三二―三七を参照）、同時に、その多様性に敬意を払うことにも、その多様性によって豊かにされることにも召し出された（Iコリ一二・一四―二六）。文化的、歴史的な種々の要因が、教会におけるその豊かな多様性に貢献している。それぞれの時間と場所において確実に生きるものとなるために、特定の時代と文脈に相応しい言語、象徴、イメージによって告知されることを福音は必要としている。キリスト者たちが福音に関する自らの文化的な種々の表現を他の文化に属するキリスト者たちに課されるべき唯一の真正なものとして見なす時にはいつも、正当な多様性は損なわれる。

29 同時に、一致が放棄されてはならない。御言葉の告知、サクラメントの執行、奉仕と証しの生活において表現される、キリストのうちに分かち合われる信仰を通して、各々の地域教会は、あらゆる場所、あらゆる時代に属する種々の地域教会との交わりの中にある。一致への奉仕と多様性の保持に仕える牧会的な職務は、異なる賜物と異なる視点を持った人々が互いに対して責任的であり続けるよう助けるために、教会に与えられた重要な手段の一つである。

30 一致と多様性に関する種々の論点は、聖霊の助けによって異邦人が交わりに迎え入れられるべきであることを教会が認識して以降、主要な関心事であった（使一五・一―二九、一〇・一―一一・

一八を参照）。エルサレムの使徒会議を通じてアンティオキアのキリスト者たちに宛てられた手紙には、一致と多様性に適用される、一つの根本的な原則と称し得る事柄が含まれている。すなわち、「聖霊とわたしたちは、次の必要な事柄以外、一切あなたがたに重荷を負わせないことに決めました」（使一五・二八）。信仰における交わりはキリストの神性への賛同を要求する、と主教たち（司教たち）が最初の公会議（ニカイア、三二五年）で明確に教えた時のように、後に種々の公会議は、その「必要な事柄」に関する更なる実例を提供していった。多くのキリスト教共同体によるアパルトヘイトへの非難において例示されるように、さらに近年になって諸教派は、そのような基礎的な教義の言外の意味を表現する、確固とした教会的な教えを明言することに共に加わるようになった。[23]正当な多様性の限界が存在している。それが許容限度を超える時には、一致の賜物に対して害を及ぼし得るのである。教会の内側では、異端や分派が、政治的な衝突や憎悪の表現と共に、交わりという神の賜物を脅かしてきた。分裂や異端を克服するために倦むことなく努めるだけではなく、典礼、慣習、法に関する自らの正当な相違を維持し、保護するように、また全体としての教会の一致と公同性に寄与する仕方で、霊性、神学的方法、言語表現をめぐる正当な多様性を促進するように、キリスト者たちは召し出されている。[24]

正当な多様性と分裂的な多様性

キリストが祈られた一致を求めるエキュメニカルな対話は、その大部分において、神の御心に拠る一致のために何が必要であり何が正当な多様性として相応しく理解されるのかを聖霊の助けによって見極めるための、様々なキリスト教諸教派の代表者たちによる奮闘であった。すべての諸教派が不正な多様性から正当な多様性を区別する自らの手順を持っているが、二つの事柄が欠けていることは明らかである。すなわち(a)見分けるための共通の基準、あるいは方法。そして(b)それらを効果的に用いるために必要とされる、相互に承認される組織である。すべての諸教派は主の御心に従うことを求めているが、それにもかかわらず彼らは信仰と職制のいくつかの観点で、なお意見が合わない。さらに、そのような意見の相違が教会の分裂を意味するのかどうか、あるいは代わって正当な多様性の一部なのかどうか、という点でも同様である。私たちは諸教派を次の問いへの熟慮に招く。すなわち、共同の認識を可能にするために、どのような積極的な措置が取られ得るだろうか。

E 地域教会の交わり

31 交わりの教会論は、地域教会と普遍的な教会の関係を検討するための有用な枠組みを提供する。

地域教会というのは「洗礼を受けた信仰者たちの共同体であり、そこにおいては神の言葉が説教され、使徒的な信仰が告白され、サクラメントが執行され、世のためのキリストの贖いのわざが証しされ、そして監督の職務が主教〔司教〕／監督（bishops）や他の聖職者たちによってその共同体への奉仕を通じて遂行されている」[25]ということについては、ほとんどのキリスト者たちが同意するであろう。文化、言語、そして共有されて来た歴史が、地域教会の構成要素として編み込まれている。同時に、各々の場所にあるキリスト教共同体は、交わりの生にとって本質的であるあらゆるものを、他のあらゆる地域的な共同体と共有する。各々の地域教会は、その内側に、教会であることが意味することの充溢を内包している。それは全き教会ではないが、全く教会である。それゆえ、地域教会は、他の種々の地域教会から切り離されるべきではなく、むしろそれらとのダイナミックな関係の中で見出されるべきなのである。その始まりから、交わりは、種々の地域教会の間で、書簡の収集と交換、訪問、ユーカリスティック・ホスピタリティ〔聖餐的歓待〕、連帯性の具体的な表現を通して保たれていた（Iコリ一六・一、コロ八・一―九、ガラ二・一―一〇を参照）。最初の数世紀の間、種々の地域教会は、共に協議をするために折々に集まった。それらはすべて、相互依存を育み、交わりを保つための方法であった。種々の地域教会のこの交わりは、それゆえ任意の付加物ではなかった。普遍的な教会とは、信仰と礼拝において一つに結び合わされた世界中のすべての地域教会の交わりなのである[26]。それは、種々の地域教会の単なる総体、連合、ないし並列ではない。それらすべてが共に、この世界に現前し、活動する同じ教会である。エルサレムのキュリロス[4]による洗礼に関する教理問答が記すように、公同性とは、単に地理的な広がりを指すのではなく、種々の地域教会の変化に富んだ多様さに、そして、一つなるコイノニアの中で彼らを一つに結び合わせている信仰といのちの豊かさへの彼らの参与に当てはまる。[27]

32

普遍的な教会における種々の地域教会の交わりに関するこの共有された理解の内側で、「地域教会」という表現によって理解される共同体の地理的な広がりに関するのみならず、主教〔司教〕／監督の役割にも関連して、相違が存在している。いくつかの諸教派は、主教〔司教〕／監督が使徒たちの継承者として地域教会の構造と現実にとって欠くことができないと確信している。ゆえに、狭い意味においては、地域教会というのは、いくつかの小教区（パリッシュ）から成る一つの教区なのである。自己理解の異なる形態を発展させた他の人々にとっては、「地域教会」という表現は衰退しているし、主教〔司教〕／監督の職務に関連して定義されることもない。それらの諸教派のいくつかにとっては、地域教会とは、単純に、御言葉を聞き、サクラメントを執行するためにひとつの場所に集められた信仰者たちの集合である。主教〔司教〕／監督を不可欠なものとして見出す人々にとっても、またそうではない人々にとっても、「地域教会」という表現は、また時に、一人の統括者を擁する教会会議的な構造のもとにまとめられる諸教会の地域的な配置に言及するために用いられる。結局のところ、教会の職制に関する地域・地方・普遍の次元を相互にどのように関係付けるかについては――それらの関係に関する合意を探求するいくつかの価値あるステップが種々の多者間対話にも二者間対話にも見出され得るとしても[28]――依然として同意はないのである。

地域教会と普遍的な教会の関係

多くの諸教派は、普遍的な教会の内にある種々の地域教会というその根本的な関係と交わりについての共通理解を喜んで受け入れることができる。キリストの現前が、神の御心と霊の御力によって、地域教会において真実に現されており（それは「全く教会」である）、まさにこのキリストの現前が地域教会を普遍的な教会との交わりの中に在らしめる（それは「全き教会」ではない）という理解を、彼らは共有する。この根本的な同意が見出されるところで、「地域教会」という表現は、それにもかかわらず様々な仕方で用いられるであろう。より密接な一致を求める私たちの共同の探求の中で、この領域におけるより確かな相互理解と同意を模索するよう、私たちは諸教派を招く。すなわち、完全に一つに結び合わされた教会の生の、様々な次元どうしの適切な関係とはどのようなものであるのか。そして、その関係に仕え、それを促進するために、指導に関するどの特定の職務が必要とされるだろうか。

第三章　教会――交わりにおける成長

A　すでに、しかし未だなお

33 教会は終末論的な現実であって、すでに神の国は先取られており、だが未だその完全な実現はない。聖霊は、神の国を打ち立て教会を導く主たる行為者であり、それゆえ教会はこの過程における神の働きの奉仕者となることができる。キリストにおけるその最終的な成就に至るまでの救済史の全過程を父なる神の栄光に向けて導いている聖霊の働きを考慮して、私たちがその現前を注意深く見出す時にのみ、私たちは教会の秘儀の何がしかを把握し始める。

34 一方では、神との人格的な関係を保持する信仰者たちの交わりとして、教会はすでに神によって望まれた終末論的な共同体である。この交わりの新しいあり方が実現されたことを表現する、目に見える有形のしるしは次のものである。使徒たちの信仰の継承と伝播、洗礼、聖餐のパン割きとその分かち合い、共に祈り、互いに祈り、世の必要のために祈ること、愛のうちに互いに仕え、互いの喜びと悲しみに与ること、物的な助けの提供、そして正義と平和を求める宣教と協働のうちに福音を告知し、証しすること。他方では、一つの歴史的な現実として、教会は、この世の種々の状況に条件付けられる人間たちによって構成されている。そのような状況の一つは――成長と発展という意味で積極的な、あるいは衰退と歪みという意味で否定的な――変化である。(29) 文化的、歴史的な諸要因を含む、他の様々な状況が、教会の信仰、あり方、証しに対する積極的な、ないし否定的な影響力を保ち得る。

35

巡礼者の共同体として、教会は罪の現実に取り組む。時に、教会の聖性と人間的な罪の関係に関して対立するものと見なされてきた種々の見解の背後には共通して保持されるいくつかの深い確信が存在しているということを、エキュメニカルな対話は明らかにした。キリスト者たちがそれらの共通の確信を表明する仕方に、重大な意味のある相違がある。ある人々の伝統は、罪のないキリストのからだであるゆえに教会は罪を犯し得ず、それゆえ教会は罪なき存在であると主張する。他の人々は、教会の機構自体にも影響を及ぼすまでに罪が制度に内在するようになり得るゆえに、教会を罪あるものとして見なすことが適切であると考える。罪は教会の真のアイデンティティとは矛盾するとはいえ、にもかかわらずそれが現実であるとするのである。罪を主として倫理的な欠陥として理解するのか、あるいは主として関係性の破壊として理解するのか、また罪は制度に内在し得るのかどうか、またそうであるならばいかにそうなのか——様々な共同体による罪それ自体に関する異なる理解の仕方は、この問題に影響を与える可能性をも持っている。

36

教会はキリストのからだである。彼の約束に拠れば、陰府の力もこれに打ち勝つことはできない（マタ一六・一八を参照）。罪に対するキリストの勝利は完全であり、不可逆的である。そして、キリストの約束と恵みによって、キリスト者たちは、教会がいつもその勝利の果実に与っていくという信頼を持っている。彼らはまた、この現代において信仰者たちが個人としても集団としても罪の力に対して脆弱である、という現実をも共有している。すべての諸教派が、信仰者たちの間での罪の事実とその絶えることのない痛ましい影響を認める。自己点検、悔い改め、回心（*metanoia*）、和解、刷新が、キリスト者にとって継続的に必要であることを、あらゆる者が認識している。聖性と罪は、それぞれ異なった仕方で、かつ不均等に、教会のあり方に関連している。聖性は神の御心に拠る教会のアイデンティティを表現しており、対して罪はこのアイデンティティとは正反対のところに立っている（ロマ六・一—一一を参照）。

B　交わりの本質的な諸要素における成長——信仰、サクラメント、職務

37　交わりという神の賜物の完全な実現に向けた旅路は、種々のキリスト教共同体に対して、教会の本質的な要素に関する根本的な種々の観点について同意するように要求する。「目に見える仕方で一つに結び合わされた教会の完全な交わり——これがエキュメニカル運動の目標である——のために、以下のような教会の諸要素が要求される。すなわち、使徒的な信仰の充溢の中に立ち、サクラメンタルな生を分かち合い、相互に承認される真実に統一された職務を持った、協議会的な関係と意思決定の構造を伴う、世における共同の証しと奉仕に立つ、交わりである」[30]。これらの特質は、正当な多様性の中での一致を維持するための、なくてはならない枠組みとして役立つ。更に、教会のかしらであるキリストは彼においてすべての存在が和解されるように望まれるお方であるがゆえに、一つなる教会の一致に向けた諸教派の成長は、人類と被造物全体の一致を促進することへの彼らの召命にも密接に関係づけられる。『洗礼・聖餐・職務』の著述やその受容に付随して生じてきた対話は、その他の二つに比べて、職務に関するものはより少ないとはいえ、交わりに関するそれらの本質的な諸要素に関する合意について重要な進展をすでに記録してきた。

この文書〔本著〕が意図するのは、それらの過去の業績を繰り返すことではなく、むしろそれらを簡潔に要約し、近年に果たされた前方に向けたいくつかの更なるステップを示すことである。

信仰

38 挙げられた諸要素のうちのこの最初のものに関しては、「聖なる者たちに一度伝えられた」（ユダ一・三）信仰を各々の世代に告知し、使徒たちによって最初に手渡された教えに忠実であり続けるために教会は召し出されている、という幅広い同意がある。聖霊の恵みによって霊感を与えられ、聖書において証言され、教会の生ける伝統を通じて伝えられた神の言葉によって、信仰は呼び起こされる。礼拝、生活、奉仕、宣教の中で、信仰は告白される。それは、変化する種々の時代と場所という文脈において解釈されなければならないと同時に、それらの解釈はどのような時代にあっても本来の証言とその誠実な説明との連続性の中に留まらねばならない。信仰は、あらゆる時代と場所での挑戦に対する活発な応答の中で貫かれねばならない。不正義、人間の尊厳の冒瀆、被造物の堕落といった状況を含む、個人的な、あるいは社会的な種々の状況に向けて、信仰は語りかけるのである。

キリスト教教義に関する多くの中心的な観点に関して、すでに信仰者たちを一つに結びつける一つの偉大な取り決めがあるということを、エキュメニカルな対話は示した。[31] 一九九一年に、研究文書『一つなる信仰の告白』（*Confessing the One Faith*）は、ほとんどの諸教派の典礼において告白されているニカイア信条の意義に関して、キリスト者たちの間での実質的な同意を表すことに成功しただけではなかった。それはまた、いかにその信条の信仰が聖書に基礎付けられており、エキュメニカルな象徴の中で告白されているかを、そして同時代の世界の挑戦に対する関係の中で新たに告白されねばならないかを説明した。その意図は、彼ら自身と他なる者たちの中でのその信仰に対する誠実さを諸教派が認めるのを助けることにあっただけではなく、その信仰を今日に告知するための一つの確かなエキュメニカルなツールを提供するためでもあった。一九九八年に、『土の器における宝』（*A Treasure in Earthen Vessels*）は、信仰継承における聖書と伝統に関する現行の解釈について探求し、次のようにコメントを加えた。「神の教会の一致の中でその一つなる伝統の実現をいつも目指しつつ、聖霊は、相互の対話の中で自らの伝統を各々再考し再解釈するように、諸教派を励まし、導くのである[32]」。諸教派は、自らの系統と聖書の後代の解釈におけるその「伝統」の重要性に関して広く見解が一致しているが、より近年の対話は、いかにキリスト教共同体がそのような解釈に従事しているかを理解しようと試みた。神の言葉の同時代的な意味に関する教会の解釈が、人々全体の信仰経験、神学者たちの洞察、そして叙任／按手礼を受けた聖職者たちの認識を必然的に含んでいるということを、多くの二者間対話は認めた。[33] 今日、諸教派にとっての挑戦は、それらの要因がどのように共に作用しているかについて同意することにある。

サクラメント

40

諸教派は、サクラメントに関して、『洗礼・聖餐・職務』（一九八二年）が洗礼と聖餐の執行とその意味について記述した内容をもって、かなりの程度の賛同を確認した。[34] この文書はまた、最も重要な未解決の論点に留まっていたいくつかの事柄——誰が洗礼を授けられて良いのか、聖餐におけるキリストの現前および十字架でのキリストの犠牲に対する聖餐の関係——についての更なる合意を求めるいくつかの道をも提案した。同時に、傅膏機密（chrismation）ないし堅信（confirmation）[5]についての簡潔な言及はあったにもかかわらず、『洗礼・聖餐・職務』は、多くの共同体において執行されており、あるところではサクラメントとして考えられている他の儀礼について焦点を当てなかったし、自らの務めには洗礼と聖餐の儀礼は含まれていないと明言するいくつかの共同体の考え方を——彼らが教会のサクラメンタルな生を分かち合うことを主張しながらも——考慮に入れるよう企図されることもなかった。

41

洗礼に関する理解をめぐって諸教派の間で育っている合意は、次のように要約されてよい。[35] 父・子・聖霊の三位一体の神の御名による水の洗礼を通して、キリスト者たちは、あらゆる時代と場所にある教会の中でキリストと互いとに一つに結び合わされる。洗礼は、キリストにある新しい生への導き入れであり、そのための祝典であるし、またキリストの洗礼、生、死、復活に与ることへの導き入れであり、そのための祝典なのである（マタ三・一三―一七、ロマ六・三―五を参照）。それは、信仰者たちをキリストのからだに組み入れ、彼らが神の国と来るべき世のいのちに与ることを可能にする（エフェ二・六を参照）「聖霊によって新しく生まれさせ、新たに造りかえる洗い」（テト三・五）である。洗礼は、罪の告白、回心、赦し、清め、そして聖化を含んでいる。それは信仰者たちを「一つの選ばれた民、一つの王の系統を引く祭司職、一つの聖なる国民」（Iペト二・九）〔6〕に任命する。洗礼はそれゆえ一致の礎となる絆なのである。いくつかの諸教派では、聖霊のその賜物を、傅膏機密ないし堅信を通した特別な仕方で与えられるものと見なしており、彼らによっては、それらは加入（initiation）のサクラメントの一つとして考えられている。洗礼についての広範囲にわたるその同意は、エキュメニカル運動に関係する人々が洗礼に関する相互の承認を呼びかける要因となった。[36]

42 洗礼と聖餐の間には、動的で深い関係がある。洗礼の信仰を再確認し、キリスト者の召命を忠実に生きるための恵みを与える聖餐において、新たに加えられたキリスト者がそこへと入っていくその交わりは、より充分な表現を与えられ、そして養われるのである。エキュメニカルな対話において確認された聖餐に関する同意の進展は、次のように要約されてよい[37]。主の晩餐は、主の食卓に集められたキリスト者たちがキリストのからだと血とを受ける祝典である。それは福音の告知であり、創造と贖罪と聖化において成し遂げられたあらゆるもののための父なる神への頌栄（*doxologia*）である。また、それは、キリスト・イエスの死と復活、十字架の上でただ一度成し遂げられた事柄の想起（*anamnesis*）である。そして、それは、パンとぶどう酒の諸要素とこれに参加する者たち自身の両方を変化させる聖霊を求める祈り（*epiclesis*）である。執り成しは、教会と世界の困窮に向けて為される。信徒たちの交わりは、彼らを駆り立てて、出かけさせ、かの王国を今なお新たに開くキリストの宣教を分かち合わせることによって、来るべき王国の先取りとして、また予兆として新たに深められる。聖パウロは主の晩餐と他ならぬ教会の生との間の結びつきに焦点を当てている（Iコリ一〇・一六—一七、一一・一七—三三を参照）。

43 信仰の告白と洗礼が、奉仕と証しの生活から切り離し得ないのとちょうど同じように、聖餐もまた、神の一つなる家族におけるすべての兄弟姉妹たちによる和解と分かち合いを要求する。「見捨てられた者たちとの連帯の中に立つように、そしてあらゆるもののために愛を注ぎ自らを犠牲にされ、今も聖餐において自らを与えようとなさるキリストの愛のしるしとなるように、キリスト者たちは聖餐において召し出される。……聖餐はキリストのかたちへとキリスト者たちを作り変える新しい現実を現代にもたらし、それによって彼らをキリストの有効な証人とならしめる」[38]。いくつかの諸教派の間での典礼の刷新は、サクラメントに関するエキュメニカルな対話において記録された種々の合意の受容として、部分的には見出され得る。

44

洗礼、聖餐、そして他の種々の儀礼が「サクラメント」あるいは「オーディナンス」(ordinances)と称されるべきであるかどうかということに関して、様々なキリスト教の伝統は意見を異にしてきた。サクラメントという言葉（ギリシア語 *mysterion* の訳語）は、神の救いのわざがその儀礼の作用によって伝えられるということを指し示しており、他方でオーディナンスという術語は、儀礼の作用がキリストの言葉と模範への従順において果たされることを強調する[39]。これらの二つの立場は、相互に対立するものとしてしばしば見られてきたが、信仰職制の研究文書『一つの洗礼』が指摘するように、「彼らが『サクラメント』あるいは『オーディナンス』の術語を使用するかどうかについて、ほとんどの伝統は、それらの事柄は（神が新しい現実をもたらすためにそれらを用いたという意味で）道具的なものであり、（すでに存在している現実に関する）表現的なものであるということを肯定する。いくつかの伝統は、その道具的な次元を強調し、……他の伝統では、その表現上の次元を強調する」[40]。だとすれば、この相違は、教義上の不一致の問題というよりも、むしろ強調点の問題だと考え得るだろうか。それらの儀礼は、教会の「制度的な」観点と「カリスマ的な」観点の両方を表している。それらは、キリストによって制定された目に見える有効なわざであるし、聖霊の働きによって有効にされるものである。そして、それらの手段によって、聖霊は、教会の教化のために、そして世における世のための宣教のために、サクラメントを受ける人々を多様な賜物で備えるのである。

サクラメントとオーディナンス

洗礼と聖餐に関する合意、そして「サクラメント」と「オーディナンス」という表現に関する歴史的な起源と潜在的な融和性への更なる熟慮という観点のもとで、諸教派は、それらの儀礼に関わる教会の本質的な次元についてより深い同意に達することができるかどうかを挑戦される。そして、そのような合意は、いくつかの追加的な問題について考察するよう人々を導くだろう。ほとんどの諸教派は、彼らの典礼の中で、例えば傅膏機密ないし堅信、結婚、聖職叙任／按手のような、他の儀礼ないしサクラメントを執行しており、多くのものが罪の赦しや病者への祝福のための種々の儀礼をも保持している。それらのサクラメントあるいはオーディナンスの数と教会的な地位は、エキユメニカルな対話の中で取り扱われ得ないだろうか。洗礼を受けることを許されるのは誰であるのか、また教会の典礼の執行を司ることを許されるのは誰であるのか、ということに関する更に進んだ合意を今や達成し得るのかどうかを熟慮することへ、私たちは諸教会を招く。加えて言えば、それらの儀礼を執行する諸教派と、キリストにおけるいのちの共有がサクラメントや他の儀礼の執行を要しないと確信する種々のキリスト教共同体の間で、より十分な相互理解が確立され得る方法はあるだろうか。

教会内的な職務

叙任／按手礼を受けた職務

45

古い契約に属する多くの祭司たちとは異なり（ヘブ七・二三を参照）、私たちの大祭司（ヘブ八・一〇を参照）[7]であるイエスはご自身を贖いの犠牲として「ただ一度」献げた（ヘブ七・二七、九・一二、九・二六、一〇・一〇、一二―一四を参照）という聖書の教えを、すべての諸教派は肯定している。それらのテキストから彼らが抜き出す言外の意味については、彼らは異なっている。『洗礼・聖餐・職務』は、叙任／按手礼を受けた聖職者たちが「御言葉とサクラメント、執り成しの祈り、共同体への牧会的指導を通じて、信徒たちの、王の系統を引く預言者的な祭司職を強め、立て上げることによって、特定の祭司的な奉仕を果たすゆえに、彼らがそれに相応しく祭司と称されてよい」と言及した。[41] この見方に沿って、いくつかの諸教派は、叙任／按手礼を受けた聖職者が、ペトロの手紙一、二章九節に記された王の系統を引く祭司職とは関係を持ちつつも、それとは性質を異にするキリスト独自の祭司職に特別の関係を持つものと考えている。それらの諸教派は、人々が特定の祭司的な機能のために聖職叙任のサクラメントを通して叙任されるのだと信じている。[42] 他の人々は、叙任／按手礼を受けた聖職者たちのことを「祭司」とは見なさないし、ある人々は叙任／按手をサクラメンタルな術語では理解しない。さらにキリスト者たちは、男だけにこれを限定する、御言葉とサクラメントの職務に関する伝統的な叙任／按手礼の制限に対しても意見を一致させていない。

叙任／按手礼を受けた職務

叙任／按手礼を受けた職務に関する種々の論点が、一致に向かう途上での挑戦的な障害物になるということを、エキュメニカルな対話は繰り返し示してきた。もし、叙任／按手礼を受けた者の祭司職に関するそのような相違が完全な一致を妨げるのであれば、それらが克服され得る方法を発見することが、諸教派にとって緊急の優先事項であり続けねばならない。

46 叙任／按手礼を受けた職務がどのように理解され、定められ、遂行されるべきであるかということに関して、神の御心に従おうと、あらゆる諸教派が聖書を当てにしようとするが、新約聖書においては職務に関する単一の様式は存在しない。時に、聖霊はその文脈的なニーズに応じた種々の職務を採用するよう教会を導いた（使六・一―六を参照）。職務の様々な形態が、霊の賜物によって祝福された。アンティオキアのイグナティウス〔8〕のような初期の著述家は、主教〔司教〕／監督（bishop）、長老／司祭（presbyter）、執事／助祭（deacon）という三つの要素から成る職務を主張した[43]。職務に関連付けられたこの三つの要素を主張する様式は、新約聖書の中にルーツを持っていると見られ得る。やがて、それは広く受容された様式となり、今日でもなお多くの諸教派によって規範的なものと考えられている。宗教改革の時代以降、いくつかの諸教派は、職務に関して異なる種々の様式を採用した[44]。聖書正典、教義、典礼の秩序といった、教会の使徒性を維持するためのいくつかの手段の中でも、叙任／按手礼を受けた職務が重要な役割を果たした。職務の継承は、教会の使徒的な連続性を提供することに寄与するのである。

47 ほとんどすべてのキリスト教共同体は、今日、職務に関する一定の形式を持った仕組みを保持している。この仕組みはしばしば変化に富んでおり、かつ多かれ少なかれ、明らかに、エピスコポス（*episkopos*）－プレスビュテロス（*presbyteros*）－ディアコノス（*diakonos*）という三つの要素から成るあの様式を反映している。だが、歴史的主教職〔司教職〕（教会の最初期の世代に遡る、使徒的継承において叙任を受けた主教たち〔司教たち〕を意味する）が、あるいはより一般的に、叙任／按手礼を受けた主教〔司教〕／監督たちの使徒的な継承が、キリストによって彼の共同体のために意図されたものであるか否かについて、諸教派は分裂したままなのである。ある人々は、主教〔司教〕／監督、長老／司祭、執事／助祭という三つの要素が福音に対する連続的な忠実性のしるしであり、全体としての教会の使徒的な連続性にとって不可欠であると信じている。[45] これとは対照的に、他の人々は、福音に対する忠実性を職務の継承に密接に結びつけて考えない。またある人々は、歴史的主教職〔司教職〕に対して慎重である。というのも、それについては濫用の危うさがあり、ゆえに共同体の幸福に対して潜在的に有害であると彼らは見ているからである。『洗礼・聖餐・職務』は、その三つの要素から成る職務が、「私たちが求める一致の一つの表現として、またそれを達成するための一つの手段として、今日、役立ち得る」とだけ肯定した。[46]

三つの要素から成る職務

教会における叙任／按手礼を受けた職務の立場をめぐって広がる同意の兆しへの顧慮の中で、その三つの要素から成る職務が、神の望まれる一致の実現に向かう教会に対する神の御心の一部であるか否かについて、諸教派は意見の一致を達成し得るのかどうか、私たちは尋ねられている。

教会の職務における権威の賜物

48 教会におけるあらゆる権威は、教会の主でありかしらであるイエス・キリストの権威から由来する。それは、新約聖書においてエクスーシア（権力、委任された権威、倫理的な権威、影響力、文字通りには「あるものの存在の外から」）という言葉で伝えられるもので、イエスの教え（マタ五・二、ルカ五・三を参照）、奇跡の行使（マコ一・三〇―三四、マタ一四・三五―三六を参照）、悪霊払い（マコ一・二七、ルカ四・三五―三六を参照）、罪の赦し（マコ二・一〇、ルカ五・四を参照）、救済の道の途上での弟子たちへの指導（マタ一六・二四を参照）において用いられていた。イエスの職務全体は、その人類への奉仕に焦点を定める権威によって特徴付けられる（マコ一・二七、ルカ四・三六）。「天と地の一切の権能」（マタ二八・一八）を授かって、イエスは自らの権威を弟子たちと分かち合う（ヨハ二〇・二一を参照）。監督（*episkopē*）の職務にある彼らの継承者たちは、福音の告知、サクラメントの執行、中でも特に聖餐において、そして信仰者たちへの牧会的な指導において権威を行使した。[47]

49 教会における権威に特有の性質は、そのかしらである方――「かえって自分を無にして」、「へりくだって、死に至るまで、それも十字架の死に至るまで従順で」（フィリ二・七―八）あった十字架に架けられた方――の権威を考慮することにおいてのみ、正しく理解され、行使され得る。こ

50

の権威は、天の統治の実現へと教会を導くイエスの終末論的な約束の中で理解されなければならない。このように、教会の権威はこの世のそれとは異なっている。弟子たちが他の弟子たち以上の権力を求めた時、イエスは、自らは仕えられるためではなく仕えるために、また他者のために自らの命を献げるために来たのだと語り、彼らを正した（マコ一〇・四一―四五、ルカ二二・二五を参照）。教会における権威は、信仰と生活と証しにおいて教会のコイノニアを養い、たて上げる、謙虚な奉仕として理解されなければならない。それは、弟子たちの足を洗うイエスのふるまいに例示される（ヨハ一三・一―一七を参照）、支配や抑圧のない愛の奉仕（*diakonia*）なのである。

それゆえに、その様々な形態と次元を伴う教会における権威は、単なる権力とは区別されなければならない。この権威は、父なる神から、神の子を通じて、聖霊の力において到来する。それはまるで神の聖性を反映している。聖書、伝統、公会議、教会会議といった、諸教派によって様々な程度に認められた権威の拠り所もまた、三位一体の神の聖性を反映する。聖性に導く真理が表現され、「幼子、乳飲み子の口によって」（詩八・二。マタ二一・一六も参照）神の聖性が口にされるどのような場所でも、そのような権威が認められる。聖性とは、神と、他者と、全被造物との関係におけるより偉大な真実性を意味している。聖人たちの生き方、修道生活の証し、そして信仰者たちの種々のグループが福音の真理を生き抜き表現してきた様々なあり方に、教会はある一定の権威を歴史を通して認めてきた。従って、人々が、愛に根ざした真理（エフェ四・一五を参照）に対する共同の探求と発見をもたらし、教会の交わりを望まれる主の御心を求めるように信仰者たちを促し、継続的な回心（*metanoia*）といのちの聖性に導く時には、ある種の権威が、人々が生み出すエキュメニカルな種々の対話や同意された声明においても認められ得るのである。

51

教会の唯一のかしらであるイエス・キリストが指導の職務にある人々に分かつ権威は、ただ個人的なものでもないし、共同体によって委任されるだけのものでもない。それは、愛に根ざした教会の奉仕（*diakonia*）を運命づけられた聖霊の賜物である。その行使は、共同体全体の参与を含んでいる。すなわち、信仰に関する共同体の感性（*sensus fidei*）は神の言葉の全体的な理解に貢献し、叙任／按手礼を受けた聖職者たちの導きと教えに対する共同体の受容は彼らの指導の真実性を保証する。相互の愛と対話の関係は、権威を行使する人々と、その対象となる人々を一つに結びつける。十字架に架けられ、復活された主の権威（*exousia*）を持って信仰、礼拝、奉仕にキリスト教共同体を導く一つの手段として、権威の行使は、従順を要求することができる。だが、そのような要求は、その目的が、信仰者たちがキリストにある完全な成熟へと成長するのを助けることにあるゆえに（エフェ四・一一―一六を参照）、自発的な協力と同意をもって受け入れられるべきであろう。[48] 神の民全体によって分かち合われる福音の真正の意味への「感性」、聖書と神学の研究に関して特別な仕方で専念する人々の洞察、そして監督の職務に特別に任命された人々の導き——これらすべてが、共同体に向けた神の御心を見極めるために協働する。すべてのものの意見の一致を求め、これを導き出し、神の言葉と互いに対し注意深く耳を傾ける時に見出される聖霊の導きに教会における意思決定は信頼する。時間をかけた活発な受容の過程によって、霊は、意思決定に際してあり得る種々の曖昧さを解決する。分裂という私たちの現在の状態にあってなお、エキュメニカル運動は、幾人かのキリスト教指導者による権威を伴った教えが彼ら自身の共同体の境界を越えて影響を持つことを可能にしてきた。例えば、「アパルトヘイトは分裂した教会によって克服されるにはあまりに強すぎた」(49)との言明におけるデズモンド・ツツ大主教のリーダーシップ、エコロジーのためにキリスト教指導者たちを一つに結びつけたエキュメニカル総主教バルトロメオ〔10〕による先導、平和を祈り作り出すことに共に加わろうとキリスト者たちと他の宗教の指導者たちを招いたローマ教皇ヨハネ・パウロ二世〔11〕とベネディクト一六世〔12〕による尽力、三位一体の神への共同の礼拝に共に加わることへと数え切れないキリスト教の信仰者たち、とりわけ若者を霊的に励ましたブラザー・ロジェ〔13〕の影響である。

教会における権威とその行使

権威とその行使に関する合意に向けた重要な種々のステップが、様々な二者間対話において記録されてきた。[50] しかし、権威の諸々の拠り所に付与される相対的な重みに関して、また教会がどの程度まで、かつどのような方法で自らの信仰の規範的な表現に達するための手段を持つのかということに関して、そして啓示の権威ある解釈の提供に際して叙任／按手礼を受けた聖職者たちはどのような役割を持つのかということに関して、諸教派の間には相違が存在し続けている。にもかかわらず、福音が謙虚さのうちに、かつ納得し得る権威を伴って、説教され、解釈され、貫かれることへの緊急の関心を、すべての諸教派は共有している。権威が承認され、行使される仕方に関するエキュメニカルな合意への探求は、諸教派による宣教への真摯な試みに際して、創造的な役割を果たし得ないだろうか。

52

「監督」（***Episkopé***）の職務

教会は、キリストのからだとして、また神の終末論的な民として、賜物ないし職務の多様性を通して聖霊によってたて上げられている。それらの賜物が教会全体とその一致と宣教を豊かにするために、この多様性は協調の職務を要求する。[51] そのような職務のために選ばれ、確保された人々による福音のもとでの監督の職務の忠実な行使は、教会の歩みと職務にとって根本的に重要な要件である。監督に関する構造の独自の展開は、様々な時代と場所において異なっていた。だが、監督的に統制されていても、あるいはされていなかったとしても、あらゆる共同体が監督という職務の必要性を見出し続けた。何れにしても、監督は、使徒的な信仰と生の一致の連続性を維持するという奉仕の中にある。御言葉の説教とサクラメントの執行に加えて、この職務の一つの主要な目的は、地域の会衆を交わりの中に保ち、相互支援を配慮し、福音の告知に関して指導すること、啓示された真理を忠実に保護し、それを更に手渡していくことにある。このような導きには、人間生活の向上と苦しみの中にある人々の救援に取り組む様々なキリスト教の奉仕組織に対する監督も含まれている。これは世に向けた教会の奉仕（*diakonia*）の観点であるが、この点については、私たちは次の章で改めて取り組むことにしよう。*episkopé* ないし「監督」という術語でまとめられたこれらの機能はすべて、彼ら自身が責任を持つ種々の共同体の信徒たちに関係する人々によっても、あるいはまた異なる種々の地域共同体でそのような職務を行使する人々に関係を持つ人々によっても行使される。これは、監督の職務が、教会におけるあらゆる職務と同様に、個人として（personal）、また同僚と共に（collegial）、そして共同体として（communal）行使されることを必要としている、ということを意味している。[52] 行使に関するそれらの仕方は、『洗礼・聖餐・職務』において次のように簡潔に記述されていた。「それは個人として（personal）為されるべきである。なぜなら、福音を告知し、生と証しの一致において主に仕えるよう共同体を召し出すために叙任／按手礼を受けた人間（person）によって、人々の間でのキリストの現前は、ほとんど有効に示され得たからである。それはまた、同僚と共に（collegial）為されるべきである。共同体の関心を代表する共通の課題を分かち合う、叙任／按手礼を受けた聖職者たちの団体の必要性があるからである。最後に、叙任／按手礼を受けた聖職者たちと共同体の間の親しい関係は、叙任／按手礼を受けた職務の行使が共同体の生に根付く場であり神の御心と聖霊の導きの発見に対する共同体の実際的な参与を要求する場である、共同体としての（communal）次元に見出されるべきである[53]」。

53

このような監督の行使は、「教会会議性」（synodality）ないし「協議会主義」（conciliarity）と称し得る教会の特性を反映する。*synod*という言葉は、「共に歩くこと」を連想させるギリシア語の*syn*（共に）と*odos*（道）に由来する。教会会議性も協議会主義も共に、教会の交わりにおいて「キリストのからだのメンバーそれぞれが洗礼の効用によって自らの場と固有の責任を持つ」ということを示している[54]。聖霊の導きのもとに、教会全体は、教会の生のどの次元においても——地域的な（local）次元でも、特定地方の（regional）次元でも、そして普遍的な（universal）次元でも——教会会議的（synodal）であり協議会的（conciliar）なのである。教会会議性ないし協議会主義という特性は、神の三位一体の生に関する秘儀を反映しており、教会の構造は、一つの交わりとしての共同体のあり方を実現するためにこの特性を表すのである。この特性は、地域的な聖餐の共有の中で、メンバーたちと彼らを統轄する聖職者の間の愛と真理にある深い一致において経験される。イエスが父なる神のもとに挙げられた後にこれを遣わすと約束された聖霊の導きを信頼しつつ（ヨハ一六・七、一二―一四を参照）、種々の教会会議は、教義的危機、倫理的な危機、ないし異端たちへの対応の中で使徒的な信仰を見極めるために、種々の危機的な状況化に開かれてきた。種々のエキュメニカルな教会会議は、教会全体からの指導者たちの参加を享受したのであり、彼らの意思決定は、全体としての教会の交わりの促進と維持において彼らが果たした重要な奉仕の承認として、あらゆる者によって受け取られた(55)。教会会議における信徒の参与とその役割については、諸教派は現在も異なる見方と実践を保持している。

エキュメニカルな公会議の権威

ほとんどの諸教派が、初期の公会議の教義上の定義を新約聖書の教えを表現するものとして受け入れる一方で、ある人々は、聖書以降の教義上の決定はすべて修正のために開かれている、と主張する。さらに他方では、また別の人々が、いくつかの教義上の定義が規範的なものでなければならず、ゆえに信仰に関する改定の余地のない表現であると考えている。初期の公会議の教えの規範性に関する共同の評価を、エキュメニカルな対話は可能にしてきただろうか。

54 協議をし、重要な意思決定を行うために教会が集まるところではどこでも、よい秩序のために、また意見の一致を促進し、見極め、明確にする過程を助けるために、集まりを招集し、統轄する者を必要とする。統轄する人々は、愛と真理において神の教会を教化するべく彼らが統轄する人々にいつも仕えなければならない。種々の地域教会の完全さに敬意を払うこと、そして声なき者に言葉を与え、多様性のうちに一致を保つことは、統轄する者の責務である。

55

アレクサンドリア、ローマ、アンティオキア、そして後代のエルサレムとコンスタンチノープルの主教たち〔司教たち〕のところで、彼らの個々の教会管区よりもずっと広い領域全体を監督する一人物としての職務を行使したという、古代の実践として初期の種々の公会議によってすでに承認されていたその習慣と機能に、首位権という言葉は関係している。このような首位的な監督は、一致に対するより協働的な奉仕を表す教会会議性ないし協議会主義に対立するものとは見なされなかった。首位権の形態は、歴史的には様々な次元で存在してきた。初期の数世紀における教会の自己理解を表明するものであり、すべてではないとしても今日なお多くのキリスト者たちによって栄誉のうちに保持されている「使徒教令」（*the Apostolic Canons*）[14]の教令三四に拠れば、各国の主教たち〔司教たち〕のうちの首位の者が他の主教たち〔司教たち〕との同意のうちにただ決定を下すのであり、その後に続く者が首位の者の同意なしに重要な決定を下すことはない[56]。初期の数世紀においてさえ、首位権に属する様々な職務は教会指導者たちの間の競合によって時に苦しめられていた。神の民全体に及ぶ、意思決定〔裁治権〕と教導権を持つ一つの首位権が、使徒ペトロとパウロに対する地域教会の関係を根拠にして、ローマの主教〔司教〕によって徐々に要求されるようになった。初期の数世紀のうちに多くの諸教会によって承認されるのであるが、その一方で、その本質的な役割と行使のあり方は重大な論争の対象であった。近年、エキュメニカル運動は、教会全体の一致に奉仕する一つの職務を論じるためのより融和的な環境を生み出すのを助けてきた。

56

部分的には、種々の二者間対話と多者間対話の中で既に確認された進展のゆえに、第五回信仰職制世界会議は「キリスト教の一致に関する一つの普遍的な職務について」問題提起を行った[57]。回勅『キリスト者の一致』(*Ut unum sint*)において、教皇ヨハネ・パウロ二世はこの文書を引き合いに出し、教会の指導者たちと神学者たちを、彼と共にこの職務に関する「忍耐強い、友愛的な対話に入るよう」招いた[58]。続く議論においては、不一致が続く領域にもかかわらず、このような職務が世界中の種々の地域教会の一致をいかに養い得るかを考慮することに、そして各々の証しの際立った特色を消失させることなくいかに促進し得るかを考慮することに開かれていることを、他の諸教派の何人かのメンバーたちが表明した。これが丁寧な取り扱いを要求されるエキュメニカルな問題であるゆえに、首位権という職務の本質と、それが存在してきた、ないしそれが現在行使されているある特定の枠組みとを区別することが重要である。どのような個人の首位的職務も、同僚と共にある、共同体的な仕方での行使を必要とするということを、すべての者が同意するだろう。

57

この主題に関する合意を達成するために為されなければならない多くの仕事がまだ存在している。いくつかの二者間対話は、キリスト教共同体全体の一致のために奉仕する一つの職務の価値を認めてきたし、あるいはこのような職務が自らの教会に対するキリストの御心の中に含まれ得るということさえ認めたのだが、現在のキリスト者たちは首位権という一つの普遍的な職務が必要であるとも、あるいは望ましいとさえも同意しない[59]。同意の欠如は、単に特定の諸教派間にだけではなく、いくつかの諸教派の内部に存在する。聖ペトロや聖パウロのそれのような、教会の幅広い一致に仕える職務に関する新約聖書の証言をめぐる意義あるエキュメニカルな議論は為されてきた。だが、それにもかかわらず、それぞれの職務の意義に関して、そして教会全体の一致と宣教に仕える職務に関する何らかの形態に対する神の意図についてそれぞれが考えている事柄に関して、意見の相違が残っている。

一致のための一つの普遍的な職務

キリストの御心によって、もし現在の分裂が克服されるとすれば、普遍的な次元で教会の一致を育み、促進する一つの職務は、どのように理解され、行使され得るだろうか。

第四章　教会――世において、そして世のために

A　被造世界のための神の計画――神の国

58 イエスの宣教の理由は、この言葉「神は、その独り子をお与えになったほどに、世を愛された」（ヨハ三・一六）に簡潔に表されている。このように、世に対する神の第一の、最も重要な姿勢は、これまで人類史の一部となってきたあらゆる子ども、女、男に対する愛なのであり、そして被造物全体に対するまったき愛なのである。イエスが種々のたとえ話において神の言葉を明らかにすることによって語り、またその力あるわざ、とりわけ彼の死と復活に関する復活の祝いの秘儀によって開示した神の国は、宇宙全体の最終的な運命である。神の御心によって教会は、自分自身のためにではなく世の変革を求める神の計画に仕えるために存在している。よって、奉仕（*diakonia*）は、まさしく教会の本質に属している。研究文書『教会と世界』は次のような仕方でこの奉仕について記述した。「キリストのからだとして、教会は神の秘儀に与る。秘儀として、

教会は、福音の告知によって、サクラメントの執行によって（これ自体が『秘儀』と呼ばれる）、そしてキリストによって与えられた生の新しさを示して彼においてすでに現前する神の国を先取りすることによって、キリストを世に対して現すのである」(60)。

59 世における教会の宣教とは、言葉と行いにおいて、イエス・キリストにおける救済のよき知らせをすべての人々に告知することである（マコ一六・一五を参照）。それゆえイエスの命令に服する教会にとって、最も重要な課題の一つである（マタ二八・一八―二〇を参照）。福音伝道は、聖霊のうちに、キリストによって、教会は父なる神の和解の証しと被造物の癒しと変革を担うよう召し出されている。よって、福音伝道の一つの建設的な観点は、正義と平和の促進なのである。

60 今日、キリスト者たちは、自分たちが属する以外の幅広い様々な宗教の存在を、そしてまた、それらが内包する種々の積極的な真理や価値観を、より意識するようになっている(61)。このことは、イエスが彼の聴衆たちにとって「異邦人」ないし「よそ者」であった人々について積極的に語った、それらの福音書の箇所をキリスト者たちに思い起こさせる（マタ八・一一―一二、ルカ七・九、一三・二八―三〇を参照）。キリスト者たちは、人間の尊厳に関する根本的な次元の一つとして宗教の自由を認め、かつキリストご自身によって要求される博愛のもとにその尊厳を尊重し、他なる者たちとの対話に努める。このような仕方で彼らは、キリスト教信仰の豊かさを他者と分かち合うだけではなく他の諸宗教において現れる真理と善のあらゆる要素の価値をも認めようとする。かつて、いまだ福音に触れたことがない人々に対して福音を告知する際に、それらの人々の宗教に対して当然払われるべき敬意は必ずしも与えられなかった。福音伝道は、他の種々の信心を持つ人々に対する敬意をいつも保持しなければならない。新約聖書において啓示された真理に関する喜びに満ちた知らせを分かち合うこと、そしてキリストにおける生の豊かさへと他者を招くことは、敬意ある愛の一つの表現である。[62] 宗教多元主義の意識が増加する現代の文脈の中で、明白にはキリストを信じない人々の救済の可能性、宗教間対話とイエスが主であるとの告知の関係は、キリスト者たちの間でますます考察と議論の対象になっている。

宗教多元主義に対するエキュメニカルな応答

これらの論点に関しては、いくつかの諸教派の内部で、またその間で、深刻な意見の相違が残っている。新約聖書は、神がすべての人々の救済を望んでおられると教えているし（Iテモ二・四を参照）、同時にイエスのみが世の唯一の救い主であると教えている（Iテモ二・五、使四・一二を参照）。それらの聖書的な教えからは、キリストを信じない人々の救済の可能性に関して、いったいどのような結論が描かれ得るだろうか。ある人々は、聖霊の力を通したキリストにおける救済は、神のみが知る仕方によって、キリスト教信仰を明らかには共有しない人々にとってもあり得るものと考えている。他の人々は、このような見解が、救済にとっての信仰と洗礼の必然性に関する種々の聖書箇所にどうして十分に合致するかを見出すことができない。この問題をめぐる相違は、人が教会の宣教を理解し、実践していくその仕方に影響を与えることになる。世界中の様々な諸宗教の活力に関する認識が増大する今日の文脈の中で、諸教派はどのようにこれらの論点に関するより大きな合意に達し得るのだろうか。また、言葉と行いによる福音の証しにおいてより有効に協力し得るるだろうか。

B　福音の倫理的挑戦

61

キリスト者たちは、自らの罪を悔い改め、他者を赦し、奉仕の犠牲的な生活を送るために召し出されている。即ち、弟子の身分は倫理的な献身を要求するのである。けれども、聖パウロが徹底してそう教えたように、人間は律法の行いによってではなく恵みによって信仰を通じて義とされる（ロマ三・二二―二六、ガラ二・一九―二一を参照）。従って、キリスト教共同体は神の赦しと恵みの領域の中を生きるのであり、それが信仰者たちの倫理的な生き方を呼び起こし、形づくる。プロテスタントの宗教改革によってその分離を開始した二つの共同体が、その分裂の時代における見解の相違の主要な焦点であった信仰による義認の教義の中心的な種々の観点について合意を達成したことは、一致の再確立のために非常に重要である。(63) 倫理的な関与と共同の活動は信仰と恵みに基づいて可能になるのであり、それらは教会のあり方と存在にとって本質的なものとして認められるべきなのである。

62

弟子としてのキリスト者たちの倫理は、創造者であり啓示する方である神に根ざしており、様々な状況にある時代と場所において神の御心を理解しようと努める共同体として具体化する。教会は、人類全体の倫理的な苦闘から分離して立ってはいない。あらゆる善意の人々とはもちろんのこと、他の諸宗教の信者たちとも一緒になって、キリスト者たちは、人間的な人格の確かな実現のために極めて重要なその個々人の倫理的価値観のみならず、正義、平和、環境保護といった社会的な価値観をも促進しなければならない。福音のメッセージは、人間存在に関する個人的な観点と共同体的な観点の両方に及ぶからである。ゆえに、交わり（*koinonia*）は、一つなる信仰の告白と共同の礼拝の執行のみならず、福音の感化と洞察に基づいた、種々の倫理的な価値観の共有をも含んでいる。分裂という彼らの現在の状態にもかかわらず、諸教派は相互の親交を通じてここまでやって来たゆえに、彼らは、ある者が行う事柄が他の者の生に影響を与えるということに気づいており、そして結果的に、それぞれの倫理的な考慮や意思決定に対する敬意を持って相互に説明責任を果たしていく必要性をますます意識している。諸教派は相互の問いかけと主張に向き合い、取り組みつつ、キリストにおいて彼らが分かち合っている事柄に表現を与えるのである。

63
倫理的な種々の主題をめぐる緊張は、いつも教会にとって一つの関心事であり続けてきたが、今日の世界における哲学的な、社会的な、そして文化的な発展は、諸教派の一致を妨げる倫理的な原則と問題をめぐる新しい衝突を結果する多くの倫理的な規範の再考を引き起こした。同時に、倫理的な種々の問題はキリスト教の人間学に関係づけられるものであり、倫理的な考察の新しい展開を評価する際には福音に優先権が与えられる。個人としての倫理性、ないし集団としての倫理性をめぐるいかなる原則がイエス・キリストの福音と調和しているのかという問題をめぐって、個々のキリスト者たちと諸教派は、時に対立する見解の中に彼ら自身が立っているのを見出す。ある人々は、倫理的な諸問題は「教会を分裂させる」性質のものではないと信じるが、他方では他の人々が、倫理的諸問題がまさにそのような性質を持っていることを固く確信している。

倫理的な諸問題と教会の一致

多者間的な次元と二者間的な次元でのエキュメニカルな対話は、キリスト教の一致にとっての倫理的な教義と実践の意義に関するいくつかの変数を徐々に描き始めている。(64) もし現在の、そして将来のエキュメニカルな対話が、教会の宣教と一致の両方に仕えるためのものであるならば、現代の倫理的な諸主題によって表明されている合意に対する種々の挑戦に、この対話が明確に取り組むことが重要である。私たちは、相互的な配慮と助け合いの精神のもとに、それらの主題を探求することへと諸教派を招く。イエスの教えと姿勢の意味を理解し、それに対して忠実に生きることが今日何を意味するのかを、どのようにして諸教派は霊の導きのもとに共に見極めていけるだろうか。この見極めに関する課題に共に取り組みつつ、諸教派は、彼らがそこで仕えるよう召し出されている社会への講話と賢明な助言の適切なモデルを、どのように提供できるだろうか。

C　社会における教会

64

「神がそうなさるほどに愛された」〔ヨハ三・一六を参照〕世は、キリスト者たちの憐れみ深い関与を求めて叫ぶ多くの問題と悲劇によって傷つけられている。世の変革を求めるキリスト者の情熱の源は、イエス・キリストにおける神との交わりにある。究極の愛であり、恵みであり、正義である神が、自分たちを通して聖霊の力のうちに働いてくださる、ということを彼らは信じている。

目の見えない者、足の不自由な者、重い皮膚病の者を癒した方、貧しい者、見捨てられた者を喜んで迎えた方、人間の尊厳への配慮、ないし神の御心への配慮を示そうともしない権威に挑戦した方――そのような方の弟子として、キリスト者は生きる。教会は、社会において力を持たない人々の声が聞き届けられるように助けなければならないし、時には声なき人々に代わって声を発せねばならない。まさしく彼らの信仰のゆえに、種々のキリスト教共同体は、彼らの仲間である人類を脅かす種々の自然災害、あるいはＨＩＶやＡＩＤＳの世界的流行といった健康への脅威に直面する中で、何もしないでいることはできない。貧しい者の苦しみが取り除かれ、絶対的な貧困がやがて姿を消す、この地上の資財を公平に分かち合える正当な社会秩序のために活動するように、信仰もまた人々を促すのである。今日でもしばしば北半球を南半球から差異化している状況が存在しているが、そのような人類を苦しめる途方もない経済的な不平等は、あらゆる諸教派にとっての永続的な関心事である必要がある。「平和の君」（イザ九・五）の後に続く者として、とりわけ戦争の種々の原因を克服するよう努めることによって、キリスト者たちは平和を提唱する（主には経済的な不正義、人種差別、民族的な嫌悪と宗教的な嫌悪、誇張されたナショナリズム、抑圧、種々の差異を解決するための暴力の行使がその原因に属している）。イエスは、自分が来たのは人間が豊かに命を受けるためである、と言われた（ヨハ一〇・一〇を参照）。イエスの後に続く者たちは、人間の命と尊厳を守ることに対する自らの責任を認める。これらは個々の信じる者たちに対するもので

65

あると同様に、諸教派の責務である。種々の状況が折り重なる特定の場においてキリスト教の相応しい応答とは何であるのかを見極める手がかりは、各々の文脈が自ら提供するだろう。すでに今、種々に分裂したキリスト教共同体は、そのような見極めの課題を共に実行することができるし、実際に実行している。人類の苦しみに助けをもたらすために、そして人間の尊厳を育む社会の成立を助けるために、彼らは共同して活動してきた。(65) 他の諸宗教の信者たちや、宗教的な信心を持たない人々とも共に活動することによって、キリスト者たちは神の国の価値観を促進することを求めるのである。

多くの歴史的、文化的、人口統計上の要因が、教会と国家の関係、そして教会と社会の関係を左右する。種々の文脈的な状況に基づくそれらの関係に関する様々なモデルが、教会の公同性に関する正当な表現であり得よう。信仰者たちが市民生活において積極的な役割を果たすことは、まったく適切である。しかし、キリスト者たちは罪深い不正な活動を黙認するような仕方で、あるいはそれをほう助するような仕方で世俗の権力と時に結託してきた。あなたがたは「地の塩」、「世の光」(マタ五・一三―一六を参照) であると弟子たちに呼びかけるイエスの明確な召命は、神の国の価値観を促進するために政治的、経済的な諸々の権力に対して関与するように、それに矛盾する種々の政策や構想に反対するように、キリスト者たちを導いてきた。これは、不正な構造を批判的に解明すること、その正体を暴くこと、そしてその変革のために活動することを伴うし、さらに加えて、正義、平和、環境保護、貧しい者や虐げられた者へのケアを促進する民間当局者たちの進取的精神をサポートすることを必然的に伴っている。このようにして、キリスト者たちは、あらゆる不正義に対する神の裁きを告知した預言者たちの伝統の中に立つことができる。そのことは、彼らを迫害や苦しみにさらすことになるかもしれない。キリストの仕える者としての性質は、十字架での自らの命の提供に結びついていた。そして彼は、彼の後に続く者たちが類似した運命を予期すべきであると自ら予告した。教会の証し（*martyria*）は、個人にとっても共同体にとっても、十字架の道を、しかも殉教に至りさえする道を伴い得るであろう（マタ一〇・一六―二三を参照）。

66

教会はあらゆる社会的‐経済的階層によって構成されている。富める者も貧しい者も、神のみが提供し得る救済を必要としている。苦しむ者と多くを分かち合い、窮乏の中にある者、周縁に追いやられた者の世話をするべく、イエスという模範の後に続くよう教会は召し出され、特別に役割を与えられている。教会は、福音の希望と慰めの言葉を告知し、憐れみと恵みのわざに従事する（ルカ四・一八―一九を参照）。また壊れた人間の関係を癒し、和解させるように、そして憎悪や仲違いによって分かたれた人々を和解する職務を通じて神に仕えるように、教会は委任されている（Ⅱコリ五・一八—二一）。あらゆる善意の人々と共に、教会は、この地球の乱用と破壊に反対し、被造物と人間との壊れた関係に対する神の癒しに参与することによって、神の子どもたちの自由（ロマ八・二〇—二二を参照）を欲してうめいている被造物への配慮に努めるのである。

結論

67 キリストのからだの一致は、神が慈しみ深く人間に与え給うコイノニアないし交わりの賜物にその本質を持っている。聖なる三位一体の神と共にある交わりとして、コイノニアは相互に関係する三つの仕方で明らかにされるという、成長する意見の一致がある。すなわち、信仰における一致、サクラメンタルな生における一致、奉仕における一致である（職務と宣教を含めて、そのあらゆる形態において）。典礼、とりわけ聖餐の執行は、このようなコイノニアが現代においてどのような外観を取るのかという問題に関する一つのダイナミックな範例として役立つ。典礼において神の民は、神との交わりと、あらゆる時代と場所に属するキリスト者たちとの親交を経験する。彼らは、彼らを統轄する者と共に集い、福音を告知し、信仰を告白し、祈り、教え、学び、賛美と感謝の祈りを献げ、主のからだと血とを受け取る。そして、彼らは宣教へと派遣されるのである。[66] 聖クリュソストモス[15]は、二つの祭壇――教会の中にある祭壇と、貧しい者、苦しむ者、悲嘆の中にある者の間にある祭壇――について語った。[67] 典礼によって強められ、養われて、教会は、世に対する預言者的で憐れみ深い職務を通して、そして人間によって作り出された不正義、抑圧、不信、争いに関するあらゆる形態との戦いを通して、キリストのいのちを与える宣教を続けていかねばならない。

68

エキュメニカル運動の一つの恩恵は、諸教派がまだ完全な交わりに生きてはいないとしても共有するキリストへの服従に関する多くの観点の発見であった。壊れて分裂した私たちの状態は、自らの弟子たちの一致を求めるキリストの御心に反しており、教会の宣教を妨げている。これが、聖霊の導きのもとで、キリスト者たちの一致の回復がそのように緊急の課題とされる理由である。過去、そして未来にまで及び、かつ聖人たちの交わり全体をも包括する、その信仰者たちのより広大な親交の中で、交わりの成長は進展する。教会の最終的な定めは、父と子と聖霊のコイノニア／交わりの中に捉えられ、神を永遠に賛美し、喜ぶ、新しい創造の一部になることにある（黙二一・一―四、二二・一―五を参照）。

69

「神が御子を世に遣わされたのは、世を裁くためではなく、御子によって世が救われるためである」（ヨハ三・一七）。神の恵みによって変えられた新しい天と新しい地に関するヴィジョンをもって、新約聖書は終わる（黙二一・一―二二・五を参照）。この新しい秩序ある世界は、歴史の終わりに向けて約束されたが、歴史を歩むその巡礼の旅の上で信仰と希望によって保たれ、愛と礼拝の中で「主イエスよ、来てください」（黙二二・二〇）と呼び求める教会として、それはすでにもう先取りされた仕方で現前している。花婿が花嫁を愛するようにキリストは教会を愛し（エフェ五・二五を参照）、そして彼が再び栄光のうちに来られるまで――天の国における小羊の婚礼（黙一九・七を参照）まで――人間に光と癒しをもたらすその宣教を教会と分かち合うのである。

歴史的経緯──『教会──共通のヴィジョンを目指して』の成立のプロセス

ＷＣＣは、自らのことを、「聖書によって主イエス・キリストは神であり救い主であると告白し、それゆえに父・子・聖霊なる一人の神の栄光のための彼らの共同の召命を共に果たそうと努める諸教派の団体[68]」と記述している。この「共同の召命」が、なお彼らを分裂させている種々の教会論的な論点──教会とは何であるのか、イエス・キリストにおいてすべてのものを和解させる神の宇宙的な計画における教会の役割とは何であるのか──に関する合意と、より大きな意見の一致を共に探し求めるように諸教派を駆り立てるのである。

過去数世紀の間の、それらの問いに対するキリスト教の諸教派による応答の歩みは、教会の分裂という特異な状況において彼らが生き、神学を営んできたという事実によって特徴付けられる。ゆえに、教会論に関する特別な強調──教会をめぐる神学的な諸問題──が現代のエキュメニカル運動の歴史に伴っていることは驚くべきことではない。

そして、だからこそ、一九二七年の信仰職制世界会議は七つの神学的な主題に焦点を当てたのであった[69]。それらのうちの一つは教会の本質に対する取り組みであり、もう一つは私たちが告白する一つなる教会と私たちが歴史において経験する分裂した諸教会との関係に関する検討であった。その会議で見出された事柄に対する諸教派の応答に基づいて、一九三七年の第二回信仰職制世界会議の主催者たちは、来る世界会議のための全体としてのテーマは「神の目的における教会」(The Church in the Purpose of God) であるべきだと提案した。[70] 第二回世界会議はこのテーマに留まらなかったが、その五つのセクションのうちの二つは、教会論的な論点の核心である「キリストの教会と神の言葉」と「聖徒の交わり」に焦点を当てた。[71] 一九三七年の世界会議は、教会の本質に関する種々の問題がなお残っている分裂を抱える諸主題のほとんどの根本であった、という確信をもって終えられた。[72]

一九四八年には、キリストにおいて一つであることの認識が、WCCの設立において具体化する、なお分裂する交わりによる一つの団体の成立を導いた。キリストにおける彼らの一体性にもかかわらず、諸教派は、神による世の救済における教会の役割に関するより「積極的な」理解と、より「消極的な」理解とで形作られる、教会をめぐって相互に一致しない二つの理解に根本的に分かれていたということを、その最初のWCC総会の報告は、はっきりと述べた。[73] WCC信仰職制委員会が、あの一九五二年の第三回世界会議を開催したのは、この新しい、複雑なエキュメニカルな文脈――教会的に、そして教会論的に分裂を残しているにもかかわらず、一つの生きたキリスト論に関する合意が諸教派が互いの中に一つなる教会の痕跡を認めるのを助けていた――においてなのであった。

当然のことながら改めて言うが、第三回世界会議のために準備された三つの神学的な報告書のうちの最初のものは、エキュメニカルな比較教会論の包括的な取り組みを基礎にしていた。この取り組みの成果は、『教会の本質』（*The Nature of the Church*）[74]に収められており、そして、この本は、「キリストと彼の教会」と題された、その会議の最後の報告に関する第三章をもって終わる。[75]これがまさに、「神の目的における教会」と称された一九六三年の第四回信仰職制世界会議のセクションⅠに対して提示された、一一年後の研究文書の主題であった。[76]

エキュメニカルな教会論に関する同様の強調は、諸々のWCC総会によって受領された一致に関する主要な種々の声明によって明示されてきた。[77]すなわち、「各々の場におけるすべて」（all in each place）の一致に関する一九六一年のニュー・デリーでの声明、[78]協議会的な団体としての一つなる教会（the one Church as a conciliar fellowship）に関する一九七五年のナイロビでの声明、[79]「コイノニア／交わりとしての教会の一致」（the unity of the Church as koinonia/communion）に関する一九九一年のキャンベラでの声明、[80]そして二〇〇六年のポルト・アレグレでの声明「一つなる教会であるように召し出されて」（Called to Be the One Church）である。[81]これらはすべて、教会論に関する合意とより大きな意見の一致に向けて積み重ねられてきた歩みであった。[82]

聖霊を通してもたらされた「各々の場におけるすべて」のエキュメニカルなヴィジョンによって、使徒的な信仰、サクラメンタルな生、職務、宣教に関する目に見える完全な一致へと促されて、信仰職制委員会は、一九六一年のニュー・デリーでの総会に続く年月を、合意文書『洗礼・聖餐・職務』[83]

の作業のために随分と費やした。

教会論に関する信仰職制の熟慮の過程における一つの重要な契機は、一九九三年のスペインのサンティアゴ・デ・コンポステーラでの第五回世界会議であった。いくつかの要因が、「信仰、生、証しにおけるコイノニアを目指して」（Towards Koinonia in Faith, Life and Witness）との主題を伴ったこの世界会議を具体化させた。第一の要因は、その公式の応答を収める六巻の発行された書物を伴う『洗礼・聖餐・職務』（ＢＥＭ）に対する諸教派からの応答への解釈であった。[84] ＢＥＭに対する一八六の応答に関する注意深い分析は、更なる研究のために要求されるいくつかの主要な教会論的主題に関するリストをもって締めくくられたが、そのリストの内容は次のとおりであった。すなわち、神の救済計画における教会の役割、コイノニア、み言葉の産物（*creatura verbi*）としての教会、世のための神の愛の秘儀ないしサクラメントとしての教会、神の巡礼の民としての教会、来るべき神の国の預言的なしるし・奉仕者としての教会である。[85] 一九九三年の会議を形成する第二の要因は、信条（the Creed）の教会に関する告白内容を含め、信条の教義的な内容全体に関する望ましい合意について提示する信仰職制の研究過程「今日の使徒的な信仰に関する共同表明を目指して」（Towards the Common Expression of the Apostolic Faith Today）[86] の結果であった。第三の要因は、神による世のための救済計画のしるし・道具としての教会の本質を強調した「教会の一致と人間的共同体の刷新」（The Unity of the Church and the Renewal of Human Community）[87] に関する研究過程であった。そして、第四の要因は、正義、平和、被造物の保全に関する協議の過程によって起こされた種々の教会論的な挑戦であった[88]。加えて、種々の二者間対話において成長する交わりの教会論の意義によって新しいエキュメニカルな契機も生じていた。一九八〇年代におけるそれらの動きは、一九八九年に信仰職制全体委員会によって下された、「教会の本質と宣教——教会論に関するエキュメニカルなパースペクティヴ」（The Nature and Mission of the Church - Ecumenical Perspective on Ecclesiology）[89]と当時称されていた主題に関する新しい研究に着手するとの決定に収束した。第五回世界会議の主題「信仰、生、証しにおけるコイノニアを目指して」は、まさに一九八〇年代のそれらの研究過程をすべて反映したのである。『教会——共通のヴィジョンを目指して』は、信仰職制によって為されてきた教会をめぐる熟慮のこの長い軌道の上で自らの場所を持つのであるが、一九九三年の第五回世界会議では、この作業に新鮮な勢いが与えられた。

信仰職制による数年間の研究と対話の後、教会論の研究の最初の結果が『教会の本質と目的』[90]という表題のもとに一九九八年に出版された。暫定的なテキストとしてのその位置付けは、「共同声明に向かう途上の一つのステージ」との副題に表現されていた。これは次の六つの章から構成される文書であった。すなわち、「三位一体の神の教会」、「歴史における教会」、「コイノニア（交わり）としての教会」、「交わりにおける生」、「世のための奉仕、世における奉仕」、「私たちの召命に従って——理解の集積から相互の承認に向けて」である。この文書に対する種々の応答は、諸教派、種々のエキュメニカルな組織、諸教派が属する特定地方の協議会、学術的な研究機関、個々人より提供された。多くの感謝のコメントは、いくつかの建設的な批判によって補完されていた。例えば、『教会の本質と目的』は、さらなる統合を必要としているように思われた。すなわち、どうして「交わりとしての教会」という主題は、「三位一体の神の教会」に関する章から分離して扱われ得たのか。また、いくつかの論点が不足しているとも考えられた。例えば、教導権に関する項目はなかったし、宣教に関するトピックもほとんど注意が払われなかったように見られたのである。なお、サンティアゴの世界会議は、その文書では熟慮されることのなかった「キリスト教の一致に関する普遍的な職務の問題」[91]に関する研究のために召集されていた。意義深いことに、ローマの主教〔司教〕の職務に関する対話へと招く、エキュメニズムへのコミットメントに関する一九九五年の回勅『キリスト者の一致』(*Ut unum sint*)において、教皇ヨハネ・パウロ二世は、信仰職制によるサンティアゴからの勧告を引用した。[92]

諸々の応答を受け取るための十分な時間が確保された後に、委員会は『教会の本質と宣教』[93]と題する新しい作品を生み出すべく、自らの教会論の文書の改訂に着手し、それは二〇〇六年にブラジルのポルト・アレグレで開催されたWCC総会に向けて発刊された。様々な応答から生じた種々の提案を組み込むべく、そこでは次の四つの章が設けられた。「三位一体の神の教会」、「歴史における教会」、「世における世のための交わりの生活」、「世において、世のために」である。最初の章は、神の民、キリストのからだ、聖霊の神殿としての教会の本質に関する多くの聖書の素材を、交わり(コイノニア）としての教会に関する聖書の洞察、及び神の国の奉仕者としての教会の宣教に関する聖書の洞察、そして一つの、聖なる、公同の、使徒的な教会という信条の表現に統合した。歴史に関する第二章は、現在の分裂において諸教派を悩ませる種々の問題に焦点を当てた——すなわち、多様性はどのようにして一致と調和し得るのか、何が正当な多様性を生み出すのか。諸教派はどのように地域教会を理解しており、それは他のすべての諸教派に対してどのように関係づけられるのか。キリスト者たちを分かつ歴史的な、そして進行中の論点とは何であるのか。第三章は、諸教派の間の交わりにとって必須である、使徒的信仰、洗礼、聖餐、職務、監督、協議会、教会会議といった諸要素——今日、首位権と権威という主題がそこに含められる——に焦点を当てた。最後の章では、苦しむ人々への支援、抑圧された人々への擁護、福音の倫理的な使信への証し、正義と平和、環境保護のための活動、そして神の国の価値観によりよく合致する人間社会の促進への幅広い尽力を通じた、世に対する教会の奉仕についてより簡潔に探求した。

　教会論に関するこの改訂された文書にも「共同声明に向かう途上の一つのステージ」という副題が付けられ、これもまた応答を請うために諸教派に送られた。諸教派からの詳細な応答は約三〇程度であったが、全体では八〇を超える応答が与えられた。諸教派、学術的な研究機関、エキュメニカルな機関からの応答、そして意義深いことに種々の宣教団体からの応答のほとんどが、教会の宣教がより大きな傑出した意義を与えられ、文書の表題にさえその場所を持ったことに対し喜びを表明した。他の複数のコメントは、「本質と宣教」という言葉の使用が、教会がそもそもその本質として宣教的であるという事実を曖昧にしかねない、との懸念を表明した。『教会の本質と宣教』に対する種々の応答を評価する教会論の作業部会を支援するために、信仰職制のスタッフはあらゆる応答に関する詳細な要約と一次的な分析を準備した。

『教会の本質と宣教』を評価する際には、三つの特別に重要なステップが踏まれた。第一に、信仰職制の全体委員会が、様々な諸教派を代表する一二〇人の参加者を伴って、二〇〇九年一〇月にクレタ島でその会合を開催した。この会合は、信仰職制の働きに初めて参加する多くの人々を集め、委員会メンバーの貢献を信仰職制の三つの研究計画、とりわけ教会論の研究のために最大化するよう構築された。全体委員会の複数のセッションが『教会の本質と宣教』を評定した。(94) 全体委員会からの主要な指示は、文書を短くすること、それをさらに文脈化させること、世界の諸教派のあり方をもっとそれに反映させること、それをより幅広い読者層にとって近づきやすいものにすることであった。一二の作業部会が『教会の本質と宣教』について議論し、そしてその文書に関する詳細な種々の評価を生み出した。(95)

第二に、アルメニアのエチミアジンで、二〇一〇年六月に信仰職制常置委員会が開かれたが、『教会の本質と宣教』に対する種々の応答への注意深い検討が終わり、そしてクレタでの全体委員会の会合でこの文書の評価が終わった時が最終的な改訂に着手するのにふさわしい時機であるとの判断がそこで下された。起草委員会には、聖公会、カトリック、ルター派、メソジスト、正教会、改革派の各伝統に属する神学者たちが任命され、また二人の共同議長がメソジストと正教会からそれぞれ選ばれた。

第三に、委員会は種々の応答の過程における一つの重要な欠落に関して自覚的であった。すなわち、東方正教会、およびオリエンタル正教会諸教派からの実質的な応答は未だなかったのである。そこから、二〇一一年三月に、主要な正教会との協議が、一〇の東方正教会の諸教派と三つのオリエンタル正教会の諸教派から派遣された四〇人の神学者を含めて、キプロスのアヤナパにあるコンスタンチア大主教管区にて開かれた。この協議は『教会の本質と宣教』に関する広範な評価を生み出した。一つの主要な提案は、洗礼、聖餐、職務に関する題材を、教会の本質にとって欠くことのできない事柄の表現へと、より明確に統合することであった。その協議とそれに関する報告は、来る教会論の作業部会の会合にとって重要な構成要素となり、新しい文書を生み出す過程において独自の役割を果たした。

種々の応答に対する広範な分析は、二〇一〇年一一月下旬に開かれたジュネーヴでの起草委員会の最初の会合でも継続され、その過程は、二〇一一年三月初頭に開かれた正教会との協議後に新鮮な刺激を与えられた。同じ月のうちに、アメリカのオハイオ州、コロンバスで開かれた教会論の作業部会の会合は、二〇一一年七月にイタリアのガッツァーダでの信仰職制定例委員会で提示されることになる、かの文書の新しい草案を生み出した。多くのコメントが委員たちから受け取られ、それらのほとんどがきわめて好意的なものだったが、より大きな合意に向けた歩みがどのような仕方で進められたかを、その文書はもっと明確に強調する必要があるということをも提示していた――特に職務に関して、またとりわけ二者間で同意された種々の声明への顧慮のもとに、例えば近年の信仰職制の作品である研究文書『一つの洗礼――相互承認に向けて[96]』のように。

この要求は、合意に向けて達成されてきた進展を明らかにする「歴史的経緯」の覚え書きをもって、形成過程のいくつかを強め、補うことによって取り組まれた。その後二〇一一年一二月に、別のバージョンが、スイスのボセー・エキュメニカル研究所（Bossey Ecumenical Institute）での起草委員会によって準備された。起草委員会は、WCCの「世界宣教伝道委員会」（Commission on World Mission and Evangelism: CWME）のスタッフから与えられる考察によってしばしば助けられた。そうした結果として生じた文書は、新鮮な評価のために外部の四人のエキュメニカルな専門家たちに提出され、彼らからの種々の提案が起草委員会によって評定された上で組み込まれ、そして二〇一二年三月下旬、その文書は、ドイツのフライジングで開かれた会合で教会論の作業部会に提案された。フライジングの会合での、その文書に対する議論と応答に基づいて、教会論の作業部会は、信仰職制の定例委員会に提案される最終的な草案を生み出した。

二〇一二年六月二一日、マレーシアのペナンで、最終的な文書が定例委員会に提案され、委員会はこれを『教会――共通のヴィジョンを目指して』との表題を持つ一つの合意声明として満場一致で承認した。従って、この現在の文書は、更なる共同声明に向かう途上の一つのステージではない。これは、そのより初期のバージョン――『教会の本質と目的』と『教会の本質と宣教』――がそこを目指して努めていたところの共同声明なのである。『教会――共通のヴィジョンを目指して』は、教会に関する信仰職制による熟慮の一つの特別なステージを完成させている。その熟慮は一つの合意文書として認められ得る成長の段階に達している、と委員会は理解する。これは、一九八二年の『洗礼・聖餐・職務』と同じ位置づけと性質を持つ一つの文書なのである。そのようなものとして、これは、自らの教会論的な合意を互いに吟味し、その真実を見極めるために、そして、そうすることによってキリストが祈られたあの一致の実現に向けた彼らの更なる巡礼の旅路に役立つために、共同の基準点として諸教会に送られている。二〇一二年九月初旬に、ギリシアのクレタ島での会合で、ＷＣＣ中央委員会は『教会――共通のヴィジョンを目指して』を受領し、そのメンバーである諸教派に対して研究と公式の応答のためにこれを委ねたのであった。

注

（1）Cf. *Baptism, Eucharist & Ministry, 1982-1990: Report on the Process and Responses.* Faith and Order Paper No. 149. WCC: Geneva, 1990, 147-151.

（2）L. N. Rivera-Pagán（ed.）, *God in Your Grace: Official Report of the Ninth Assembly of the World Council of Churches*, Geneva, WCC, 2007, 448.

（3）この過程に関する更なる詳細については、この文書の終わりに記述される歴史的経緯を参照されたい。

（4）M. Thurian（ed.）, *Churches Respond to BEM: Official Responses to the "Baptism, Eucharist and Ministry" Text*, Geneva, World Council of Churches, vols. I-VI, 1986-1988; *Baptism, Eucharist & Ministry 1982-1990: Report on the Process and Responses*, Geneva, WCC, 1990.

（5）*Confessing the One Faith: An Ecumenical Explication of the Apostolic Faith as It Is Confessed in the Nicene-Constantinopolitan Creed (381)*, Geneva-Eugene, WCC-Wipf & Stock, 2010, §216.

（6）"Mission and Evangelism: An Ecumenical Affirmation," §6, in J. Matthey（ed.）, *You Are the Light of the World: Statements on Mission by the World Council of Churches*, Geneva, WCC, 2005, 8.

（7）例えば以下を参照せよ。Augustine, "Ennarrationes in Psalmos," 44, 24-25, in J. P. Migne, Patrologia Latina 36, 509-510.〔アウグスティヌス『詩編注解』四四・二四―二五〕。

（8）このような相互扶助の連帯は、他のキリスト教共同体を回心のための正当な領域として誤って見なす改宗（proselytism）とは、明確に区別されなければならない。

（9）以下を参照。そこでは聖公会とルター派の重要な地域的協約について言及されている。The Anglican-

Lutheran report “Growth in Communion,” in J. Gros, FSC, T. F. Best and L. F. Fuchs, SA（eds.）, *Growth in Agreement III: International Dialogue Texts and Agreed Statements*, 1998-2005, Geneva-Grand Rapids, WCC-Eerdmans, 2007, 375-425.

（10）ゆえにこの文書『教会』は、ポルト・アレグレでのＷＣＣ総会での一致声明「一つの教会となるために召し出されて」（Called to Be One Church）に依拠することを望む。この声明の副題は「一致を求め、対話を深めることへと人々の参与を刷新することへの諸教会に対する招き」であった。In *Growth in Agreement* III, 606-610.

（11）第四回信仰職制世界会議がそのリポート「聖書、伝統（Tradition）、種々の伝統（Traditions）」で指摘したように、「伝統（the Tradition）という言葉によっては、教会により、教会の中で世代から世代に伝えられる福音それ自体、すなわち教会の生において現在するキリストご自身が意味される。伝統（tradition）という言葉によっては、伝統的な過程が意味される。種々の伝統（traditions）という用語は……表現形態の多様性と、私たちが信仰告白の伝統と称している事柄の両方を指示するために用いられる」。P. C. Roger and L. Vischer（eds.）, *The Fourth World Conference on Faith and Order: Montreal 1963*, London, SCM Press, 1964, 50. また以下をも参照せよ。*A Treasure in Earthen Vessels: An Instrument for an Ecumenical Reflection on Hermeneutics,* Geneva, WCC, 1998, §§14-37, pages 14-26.

（12）この主題はこの文書『教会』の §§28-30で取り上げられる。

（13）次の項を参照せよ。ここでは、ワイマール版（WA2, 430, 6-7）における“Ecclesia enim creatura est evangelii”との表現をめぐるM・ルターの用法について言及されている。“The Church as ‘Creature of the Gospel’” in Lutheran-Roman Catholic Dialogue, “Church and Justification,” in J. Gros, FSC, H. Meyer and W. G. Rusch,（eds.）, *Growth in Agreement II: Reports and Agreed Statements of Ecumenical Conversations on a World Level, 1982-1998*, Geneva-Grand Rapids, WCC-Eerdmans, 2000, 495-498. いくつかの二者間対話は

creatura verbiというラテン語を同じ見解を表明するために用いた。これについては次の、改革派とローマ・カトリック教会との対話における、"creatura verbi"としての、また「恵みのサクラメント」としての教会について記述する「教会に関する二つの構想」（Two Conceptions of the Church, §§94-113）の項を参照せよ。"Towards a Common Understanding of the Church," in *Growth in Agreement II*, 801-805. また、声明「一つの教会となるために召し出されて」（Called to Be One Church）、注1の上方をも参照。

(14) 以下の信仰職制の報告を参照。*Church and World: The Unity of the Church and the Renewal of Human Community*, Geneva, WCC, 1990, 64. 以下の二つの報告をも参照せよ。the Anglican-Roman Catholic International Commission, "Mary: Grace and Hope in Christ," *Growth in Agreement III*, 82-112; and the report of the Groupe des Dombes, *Mary in the Plan of God and in the Communion of Saints* (1997-1998), Mahwah, N.J., Paulist Press, 2002.

(15) *Baptism, Eucharist and Ministry*, Geneva, WCC, 1982, section on Ministry, §13.

(16) 前掲書。Section on Ministry, §9.

(17) Reformed-Roman Catholic Dialogue, "Towards a Common Understanding of the Church", § 132, in *Growth in Agreement II*, 810. また、次をも参照せよ。The Lutheran-Roman Catholic report "Ministry in the Church," §17, in H. Meyer and L. Vischer (eds.), *Growth in Agreement: Reports and Agreed Statements of Ecumenical Conversations on a World Level*, Ramsey-Geneva, Paulist-WCC, 1984, 252-253.「新約聖書は、キリストによって遣わされた使徒たちを継承するものとして理解された一つの特別な職務が、種々の職務の中からいかに現れてきたかを示している。この一つの特別な職務は、種々の共同体における指導のために不可欠なものであることが証明される。それゆえ人は、新約聖書に拠って、使徒たちの召命と派遣を通してイエス・キリストによって立てられたその『特別な職務』が『当時も不可欠であったし、あらゆる時代と状況において不可欠である』と言うことができる」。The Methodist-Roman Catholic "Toward a Statement on the Church"

では、「神が与えた一つの職務を教会はいつも必要としてきた」と明言されている。以下を参照。*Growth in Agreement II*, 588, §29.

（18）以下を参照。The Lutheran-Roman Catholic *Joint Declaration on the Doctrine of Justification*, Grand Rapids, Eerdmans, 2000, §15.

（19）以下を参照。"Called to Be the One Church," §5, in *Growth in Agreement III*, 607.

（20）前掲書。

（21）次を参照。*Growth in Agreement III*, 607. WCCの声明「一つの教会となるために召し出されて」（§3-7）は、教会が「一つの、聖なる、公同の、使徒的な」ものであるという信条の表現について、類似した説明を提示している。

（22）例えば、第二バチカン公会議に際してカトリックの司教たちは「教会はキリストにあってサクラメントの本性の中にある。つまり、神との交わりの、そしてあらゆる人間の一致のための、一つのしるしであり道具（instrument）なのである」と明言した。次を参照。The Dogmatic Constitution on the Church, *Lumen Gentium*, n. 1. 道具という言葉は、積極的な仕方で教会の「有効性」を知らせるために意図されている。教会のサクラメンタルな性質を強く主張する他の人々は、キリスト教共同体に関して道具という言葉を用いることを、不適切だと考えている。教会が一つのしるしであるとする見解に関する、かなり幅広い受容については、一九六八年にウプサラで開催された第四回WCC総会に由来するWCCの報告「聖霊と教会の公同性」に証言されている。そこでは「来る人類の一致のしるしとしての自らを語ることにおいて、教会はきわだっている」と述べられる。次を参照。N. Goodall (ed.), The Uppsala Report, Geneva, WCC, 1968, 17. The Dogmatic Constitution *Lumen Gentium* についてはhttp://www.vatican.va.を見よ。

（23）"World Council of Churches' Consultation with Member-Churches in South Africa - Cottesloe, Johannesburg, 7-14 December, 1960," in *The Ecumenical Review*, XIII (2), January 1961, 244-250;

“Statement on Confessional Integrity,” in *In Christ a New Community: The Proceedings of the Sixth Assembly of the Lutheran World Federation: Dar-es-Salaam, Tanzania, June 13-25, 1977*, Geneva, Lutheran World Federation, 1977. 179-180, 210-212; “Resolution on Racism and South Africa,” in *Ottawa 82: Proceedings of the 21st General Council of the World Alliance of Reformed Churches (Presbyterian and Congregational) Held at Ottawa, Canada, August 17-27, 1982*, Geneva, Offices of the Alliance, 1983, 176-180; The Belhar Confession, http://www.urcsa.org.za/documents/The%20Belhar%20Confession.pdf.

（24）次を参照。ＷＣＣ声明「コイノニアとしての教会の一致――賜物と召命」（The Unity of the Church as Koinonia: Gift and Calling）。すなわち「種々の神学的な伝統、様々な文化的、民族的、歴史的関連に根ざしている多様性は、交わりの本質にとって不可欠である。だが多様性には限界がある。例えば、きのうも今日も、また永遠に（ヘブ一三・八）神であり救い主であるイエス・キリストへの共同の信仰告白を不可能にする場合には、多様性は正当ではない。……交わりにおいて、多様性は、神の教会の豊かさと充溢に寄与する聖霊の賜物として調和の中にもたらされるのである」。M. Kinnamon（ed.）, *Signs of the Spirit: Official Report Seventh Assembly*, Geneva-Grand Rapids, WCC-Eerdmans, 1991, 173. 正当な多様性は、しばしば種々の国際的な二者間対話において取り扱われている。例えば、聖公会と正教会の対話は、種々の地域教会のあり方における幅広い多様性を指摘する。すなわち「一つなる信仰への彼らの証しが損なわれずに維持される限り、その多様性は不完全さや分裂の原因として見なされず、むしろ御心のままに各々に働く一つなる聖霊の充溢のしるしとして見なされる」。*The Church of the Triune God: The Cyprus Statement Agreed by the International Commission for Anglican-Orthodox Dialogue 2006*, London, Anglican Communion Office, 2006, 91. 併せて以下も参照せよ。Lutheran-Roman Catholic Dialogue, *Facing Unity*（1984）, §§5-7, 27-30, and especially 31-34, in *Growth in Agreement II*, 445-446, 449-450; Anglican-Roman Catholic International Commission, *The Gift of Authority*, §§26-31, in *Growth in Agreement III*, 68-69; Methodist-Roman Catholic Dialogue, *Speaking the*

Truth in Love, §50, in *Growth in Agreement III*, 154.

(25) 次を参照。The report of the Joint Working Group of the World Council of Churches and the Roman Catholic Church, "The Church: Local and Universal," §15, in *Growth in Agreement II*, 866. この記述の中で、「地域的」(Local) という言葉は、「教派的」(denominational) という言葉と混同されるべきではない。

(26) ニュー・デリー、ウプサラ、ナイロビでの種々のＷＣＣ総会の一致声明を参照。W. A. Visser 't Hooft (ed.), *The New Delhi Report: The Third Assembly of the World Council of Churches 1961*, London, SCM, 1962, 116-134; N. Goodall (ed.), *The Uppsala Report 1968: Official Report of the Forth Assembly of the World Council of Churches*, Geneva, WCC, 1968, 11-19; and D. M. Paton (ed.), *Breaking Barriers Nairobi 1975: The Official Report of the Fifth Assembly of the World Council of Churches*, London-Grand Rapids, SPCK-Eerdmans, 1976, 59-69.

(27) Cyril of Jerusalem, *Catechesis 18*, in J. P. Migne, *Patrologia Graeca 33*, 1044.

(28) 多者間対話の次元での一つのよい範例は、次のものである。The report of the Joint Working Group of the World Council of Churches and the Roman Catholic Church "The Church: Local and Universal," in http://www.oikoumene.org/en/resources/documents/wcc-commissions/. 次をも参照。*Growth in Agreement II*, 862-875. 二者間対話に由来するものとしては次を、とりわけ後者を参照せよ。"Ecclesial Communion-Communion of Churches" of the Lutheran-Roman Catholic "Church and Justification," in *Growth in Agreement II*, 505-512; The Orthodox-Roman Catholic statement on "Ecclesiological and Canonical Consequences of the Sacramental Nature of the Church: Ecclesial Communion, Conciliarity and Authority" (2007) at: http://www.pcf.va/romancuria/pontifical_councils/chrstuni/ch_orthodox_docs/re_pc_chrstuni_doc_20071013_documento-ravenna_en.html.

(29) 変化に関するこの状況は、イエス・キリストと彼の福音の永続的な意味を曖昧にすることを意味しない。

「イエス・キリストは、きのうも今日も、また永遠に変わることのない方です」（ヘブ一三・八）。

(30) 次より引用。"The Church: Local and Universal" (1990), §25, in *Growth in Agreement II*, 868. いくつかのＷＣＣ総会で採用された一致に関する複数の声明、並びに聖公会、ルター派、メソジスト、正教会、改革派、ローマ・カトリックを含む種々の幅広いエキュメニカルな対話に拠って、交わりに関するその説明が作られてきたという事実を、その文書の10―11のパラグラフ、及び28―32のパラグラフは引用と注をもって証明している（第一章の注16を参照）。ＷＣＣの声明「コイノニアとしての教会の一致――賜物と召命」は、「承認された」という言葉に「和解された」という言葉を加えることによって、ministerial な要素を強めている。M. Kinnamon (ed.), *Signs of the Spirit: Official Report Seventh Assembly*, Geneva, WCC, 1991, 173. 交わりに関する根本的な諸要素に関する同様の構成は、以下の文書にも現れている。The Lutheran-Roman Catholic document "Facing Unity," in *Growth in Agreement II*, 456-477. ここでは、信仰、サクラメント、奉仕の共同体としての教会が提示される。The Methodist-Roman Catholic text "The Apostolic Tradition," in *Growth in Agreement II*, 610-613. ここでは、信仰、礼拝、職務という術語の中で、教会の生けるからだについて記述される。次に挙げるうちの最後のものからの引用が説明をするのに役立ち得るように、ニュー・デリー（一九六〇年）、ナイロビ（一九七五年）、キャンベラ（一九九〇年）、ポルト・アレグレ（二〇〇五年）でのＷＣＣ総会に由来する種々の古典的な一致声明もまた一致に関する本質的な特徴を提示する。「『使徒的な信仰の共同告白、一つなる洗礼を通して加えられ一つなる聖餐の交わりの中で共に祝われる一つの共同のサクラメンタルな生、相互に承認され和解されたメンバーたちと聖職者たちにおける一つの共同の生、すべての人に神の恵みの福音を証しし、被造物全体に仕える一つの共同の宣教――これらの中で与えられ、表現される一つのコイノニア』こそ、私たちがそのために祈り、希望し、働いているその一致なのである、と私たち諸教派は主張してきた。このコイノニアは各々の場で、そして様々な場における諸教派の協議会的な関係を通して表現されなければならない。"Called to Be the One Church," §2, *Growth in Agreement III*, 606-607.

（31）例えば以下を参照せよ。The chapters "Fundamentals of Our Common Faith: Jesus Christ and the Holy Trinity" and "Salvation, Justification, Sanctification" of Walter Kasper's, *Harvesting the Fruits: Basic Aspects of Christian Faith in Dialogue*, London-New York, Continuum, 2009, 10-47. ここでは、聖公会、ルター派、メソジスト、改革派、ローマ・カトリックの間のこれらのトピックに関する合意について詳しく述べられている。

（32）*A Treasure in Earthen Vessels*, Geneva, WCC, 1998, §32. より初期には次のように述べられていた。「教会における使徒的な伝統は、使徒たちの教会の永続的な特性における連続性を意味する。すなわち使徒的信仰の証し、福音の告知と生きた解釈、洗礼と聖餐の執行、聖職者の種々の責任の伝達、祈りと愛と喜びと苦しみにおける交わり、病者と貧者への奉仕、種々の地域教会の間の一致、主が各々に与えた賜物の共有」。Section on Ministry, §34, in *Baptism, Eucharist, Ministry, Geneva*, WCC, 1982.

（33）例えば以下を参照せよ。The Lutheran-Orthodox statement "Scripture and Tradition," in *Growth in Agreement II*, 224-225; the Methodist-Roman Catholic "The Word of life," §§62-72, describing the "Agents of Discernment," in *Growth in Agreement I*, 632-634; the Anglican-Roman Catholic "Gift of Authority," in *Growth in Agreement III*, 60-81; the Disciples-Roman Catholic "Receiving and Handing on the Faith: The Mission and Responsibility of the Church," in *Growth in Agreement III*, 121-137: the Methodist-Roman Catholic "Speaking the Truth in Love: Teaching Authority among Catholics and Methodists," in *Growth in Agreement III*, 138-176; and the Reformed-Oriental Orthodox "Report"（2001）, §§22-28, describing "Tradition and Holy Scripture" and "The Role of the Theologian in the Christian Community," in *Growth in Agreement III*, 43-44.

（34）次を参照。*Baptism, Eucharist and Ministry, 1982-1990: Report on the Process and Responses*, Geneva, WCC, 1990, 39, 55-56.

（35）このパラグラフはその副題「II　洗礼の意味」の下に苦心して作り上げられた内容について詳述する。

Baptism, Eucharist and Ministry, Section on Baptism, §§2-7. 四つの国際的な二者間対話に由来する非常に類似した主張が、次の文書の「洗礼に関する共通理解」に見出される。W. Kasper, *Harvesting the Fruits*, 164-168. 並びに次の信仰職制の研究文書も参照。*One Baptism: Towards Mutual Recognition*, Geneva, WCC, 2011.

（36）洗礼に関するそのような相互承認の一つの例は、二〇〇七年四月二九日に、ドイツ教会協議会（the Council of Christian Churches in Germany）に属するメンバーである一六の共同体のうち一一の共同体によって達成された事柄である。これは以下に詳述されている。http://www.ekd.de/english/mutual_recognition_of_baptism.html.

（37）この要約は次の文書の「II　聖餐の意味」を描写する。*Baptism, Eucharist and Ministry*, section on Eucharist, §§2-26. 聖公会、ルター派、メソジスト、改革派、ローマ・カトリックの間の様々な程度の合意については以下を参照せよ。"The Eucharist," in Kasper, *Harvesting the Fruits*, 168-190.

（38）次より引用。Baptism, Eucharist and Ministry, §§24 and 26.

（39）サクラメント（*sacramentum*）というラテン語の術語は、新兵が兵役に入る際にしなければならない誓いを意味していたのであり、それは、ラテン語で叙述した初期キリスト教の主要な神学者テルトゥリアヌス（一六〇—二二〇）によって洗礼との関連の中で用いられた。

（40）*One Baptism: Towards Mutual Recognition*, §§30.

（41）*Baptism, Eucharist and Ministry*, section on Ministry, §17.

（42）次を参照せよ。Anglican-Roman Catholic "Ministry and Ordination" and "Elucidation," in *Growth in Agreement I*, 78-87; and Orthodox-Roman Catholic Dialogue, "The Sacrament of Order in the Sacramental Structure of the Church," in *Growth in Agreement II*, 671-679.

（43）次を参照せよ。Ignatius of Antioch's *Letter to the Magnesians* 6 and 13; *Letter to the Trallians* 7; *Letter to the Philadelphians* 4; *Letter to the Smyrnaeans* 8.

（44）これらの宗教改革の発展に関する二つの洞察に満ちた報告がある。The Reformed-Roman Catholic text “Towards a Common Understanding of the Church,” §§12-63, entitled “Toward a Reconciliation of Memories,” in *GA II*, 781-795; and the Lutheran-Roman Catholic text, *The Apostolicity of the Church*, Minneapolis 2006, §§65-164, pages 40-71.

（45）この点について、The Lutheran-Roman Catholic “Church and Justification”（1993）, §185 は次のように述べている。「義認の教義と、神によって制定され、教会にとって不可欠の叙任／按手礼を受けた職務の間に矛盾はない」（*Growth in Agreement II*, 529）。それにもかかわらず、いくつかのパラグラフの後で、同じ文書は次のように加えている。「episcopate をめぐる神学的ないし教会論的な評価に関するカトリックとルター派の見解の相違はそれゆえ――この職務に対するルター派の拒絶あるいは無関心は、これを教会として不可欠なものであると見なすカトリックの表明に対して対立しているというような――急進的なものではない。この問題はむしろ――カトリックの側では、「必然的な」（necessary）、「不可欠の」（indispensable）といった言葉によって、またルター派の側では、「重要な」（important）、「意味深い」（meaningful）、「望ましい」（desirable）といった言葉で記述され得るし、記述されてきた――この職務の評価に関する一つの明快な漸次的な変化なのである」。§197, *Growth in Agreement II*, 532.

（46）*Baptism, Eucharist and Ministry*, section on Ministry, §22.

（47）イエスの権威と教会とのそれの共有に関するこの基本的な説明は、次の声明によって提示された説明を注意深く言い換えたものである。Orthodox-Roman Catholic Ravenna Statement（2007）concerning “Ecclesiological and Canonical Consequences of the Sacramental Nature of the Church: Ecclesial Communion, Conciliarity and Authority,” §12. See above, ch. II, n.18.

（48）次を参照。“Ecclesiological and Canonical Consequences of the Sacramental Nature of the Church: Ecclesial Communion, Conciliarity and Authority,” §§13-14. See above, ch. II, n.18.

(49) Desmond Tutu, "Towards *Koinonia* in Faith, Life and Witness," in T. Best and G. Gassmann (eds.), *On the Way to Fuller Koinonia*, Geneva, WCC, 1994, 96-97.

(50) 例えば次を参照せよ。The Anglican-Roman Catholic report "Authority in the Church" (1976) in *Growth in Agreement I*, 88-105; "Authority in the Church II" in *Growth in Agreement I*, 106-118; "The Gift of Authority" (1998), in *Growth in Agreement III*, 60-81. これは次にも反映される。§§83-84 of the Methodist-Roman Catholic document "Speaking the Truth in Love: Teaching Authority among Catholics and Methodists," in *Growth in Agreement III*, 163-164.

(51) 次を参照。*Baptism, Eucharist and Ministry*, section on Ministry, §23.

(52) 一九二七年にローザンヌで開かれた第一回信仰職制世界会議において、「監督制」(episcopal)、「長老制」(presbyteral)、「会衆制」(congregational) という諸教派の秩序については指摘されており、それらの三つの秩序に内在する価値は「多くの人々によって教会の良い秩序のために不可欠なものであると考えられた」。H. N. Bate (ed.), *Faith and Order Proceedings of the World Conference: Lausanne, August 3-21, 1927*, London, Student Christian Movement, 1927, 379. それから五五年後、『洗礼・聖餐・職務』は、職務の項の §26 の解説において、叙任／按手礼を受けた職務が個人として (personal)、同僚と共に (collegial)、また共同体的に (communal) 行使されるべきであるという主張の正当性を明らかにするためにこのローザンヌのテキストを引用した。

(53) *Baptism, Eucharist and Ministry*, §26.

(54) 次を参照せよ。Orthodox-Roman Catholic International Dialogue, "Ecclesial Communion, Conciliarity and Authority," §5. ここでは教会会議性 (synodality) が協議会主義 (conciliarity) と同義的に受け取られ得ると述べられている。

(55)「エキュメニカルな」公会議ないし教会会議はキリスト教界全体を代表するものとして理解される。又なる神との子の同質性を否定するアリウス派の新しい教えに対する応答の中でキリストの神性を肯定するべく、ニカイアにおいて三二五年に開かれた公会議は、そのような公会議の最初のものとして普遍的に認められている。どのくらいそのような公会議が開かれたかということに関して諸教派は意見を異にしている。種々の公会議とその権威については例えば次を参照せよ。The Lutheran-Orthodox "Authority in and of the Church: The Ecumenical Councils" (1993), in *Growth in Agreement III*, 12-14; the subsection "Councils and the Declaration of the Faith" of the Disciples-Roman Catholic, "Receiving and Handing on the Faith: The Mission and Responsibility of the Church," in *Growth in Agreement II*, 125-127. また以下をも参照。*Councils and the Ecumenical Movement*, Geneva, WCC, 1968.

(56) この教令は次のところに見出される。http://www.newadvent.org/fathers/3820.htm.

(57) §31.2 of "Report of Section II: Confessing the One Faith to God's Glory," in T. F Best and G. Gassmann (eds.), *On the Way to Fuller Koinonia*, Geneva, WCC, 1994, 243.

(58) John Paul II, *Ut Unum Sint*, London, Catholic Truth Society, 1995, §96.「ペトロの職務」と題される一つの報告は、首位権の職務に関する問題を取り上げてきた二〇〇一年までの様々なエキュメニカルな対話の統合と分析を提供すると共に、この職務に関するヨハネ・パウロの対話への招きに対して与えられた種々の応答を提示する。そこでは四つの見出しのもとに中心的な論点が分類される。すなわち、種々の聖書的な根拠、*De iure divino*（このような職務が神の御心に基礎付けられ得るかどうか）、普遍的な裁治権（教会内での権威ないし権力の行使）、ローマ教皇の無謬性である。この予備的な報告は、情報サービスにおいて確認することができるものであり（N.109, 2002/I-II）、「ペトロの職務」の評価が個々のキリスト教共同体の属する特定の伝統に拠って著しく異なっているということを示している。

(59) 次を参照せよ。The Anglican-Roman Catholic report "The Gift of Authority," in *Growth in Agreement III*, 60-81, and the Orthodox-Roman Catholic, "The Ecclesiological and Canonical Consequences of the

Sacramental Nature of the Church."

(60) *Church and World: The Unity of the Church and the Renewal of Human Community*, Geneva, WCC, 1990, Chapter III, §21, page 27.

(61) この主題に関する種々の問題については、次を参照せよ。"Religious Plurality and Christian Self-Understanding" (2006). 信仰職制、宗教間関係、宣教と福音伝道の三つのスタッフチームに向けて二〇〇二年にWCC中央委員会で作成された、種々の提案に対する応答としての研究プロセスの結果は以下で参照可能である。http://www.oikoumene.org/en/resources/documents/assembly/porto-alegre-2006/3-preparatory-and-background-documents/religious-plurality-and-christian-self-understanding.html. この声明は一九八九年にサンアントニオで開かれた世界宣教・福音伝道委員会の会議での、宣教と種々の世界宗教との関係に関する議論の結果として生じた。この章において取り上げられた一般的な種々の主題に対するその関連性のゆえに、本章の三つの項目の何れにおいても宗教間の関係に関していくらかの言及が為されるであろう。

(62) ヨーロッパ教会協議会 (Conference of European Churches: CEC) とヨーロッパ監督教会協議会 (Council of European Episcopal Conferences: CCEE) は、The "Charta Oecumenica" (2001), §2 で以下のように述べている。「あらゆる人々が自らの宗教的および教会的な所属を良心の決断において自由に選択することができる、ということとの正当性の承認を私たちは自らに義務付ける。誰も、倫理的な圧力や物質的誘因を通じて回心へと誘導されるようなことがあってはならないし、同様に自由な意思から生ずる回心を妨げられるようなことがあってはならない」。次も参照せよ。Christian Witness in a Multi-Religious World: Recommendations for Conduct" of the Pontifical Council for Interreligious Dialogue, the World Council of Churches and the World Evangelical Alliance, approved on 28 January 2011, and available at: http://www.vatican.va/roman_curia/pontifical_councils/interelg/documents/rc_pc_interelg_doc_20111110_testimonianza-cristiana_en.html.

(63) 次を参照せよ。The Lutheran-Roman Catholic, *Joint Declaration on the Doctrine of Justification*, Grand

Rapids, Eerdmans, 2000.

（64）例えば以下のものが挙げられる。The Anglican-Roman Catholic statement "Life in Christ: Morals, Communion and the Church," in *Growth in Agreement II*, 344-370; and the study document of the Joint Working Group of the World Council of Churches and the Roman Catholic Church, "The Ecumenical Dialogue on Moral Issues: Potential Sources of Common Witness or of Divisions"（1995）, in *The Ecumenical Review* 48（2）, April 1996, 143-154.「諸教派における倫理的な認識」に関する近年の作業に関しては次を参照。*The Standing Commission on Faith and Order Meeting in Holy Etchmiadzin, Armenia*, Geneva, WCC, 2011, 9-10 and 18-20.

（65）例えば以下を参照せよ。The Reformed-Roman Catholic text "The Church as Community of Common Witness to the Kingdom of God," in PCPCU, *Information Service* N.125（2007/III）, 121-138, and *Reformed World* 57（2/3）, June-September 2007, 105-207. その第二章は、カナダにおけるアボリジニの権利、南アフリカにおけるアパルトヘイト、北アイルランドにおける平和に関する諸教派の間での協力について物語っており、第三章は各々の共同体において用いられる認識の類型について記述する。

（66）ここまでの文章は、二〇〇八年三月にドイツのブレークルムで開かれた二者間対話に関する第九回フォーラムに由来する声明を主として繰り返し、言い換えている。このフォーラムによって作成されたその声明については以下の二つを参照せよ。*The Ecumenical Review* 61（3）, October 2009, 343-347; and http://www.oikoumene.org/fileadmin/files/wcc-main/documents/p2/breklum-statement.pdf.

（67）St John Chrysostom, Homily 50, 3-4 on Matthew, in J. P. Migne, *Potrologia Graeca*, 58, 508-509.

（68）"Constitution and Rules of the World Council of Churches," in L. N. Rivera-Pagán（ed.）, *God in Your Grace: Official Report of the Ninth Assembly of the World Council of Churches*, Geneva, WCC, 2007, 448.

（69）H. N. Bate（ed.）, *Faith and Order: Proceedings of the World Conference- Lausanne, August 3-21, 1927*,

New York, George H. Doran Co., 1927, esp. 463-466. *Reports of the World Conference on Faith and Order - Lausanne Switzerland August 3 to 21, 1927*, Boston, Faith and Order Secretariat, 1928, 19-24.

(70) それらの応答の集成については次を参照せよ。L. Dodgson (ed.), Convictions: *A Selection from the Responses of the Churches to the Report of the World Conference on Faith and Order, Held at Lausanne in 1927*, London, Student Christian Movement Press, 1934.

(71) 前掲書。228-235, 236-238.

(72) 次を参照。O. Tomkins, *The Church in the Purpose of God: An Introduction to the Work of the Commission on Faith and Order of the World Council of Churches*, Geneva, Faith and Order, 1950, 34.

(73) 次を参照。"The Universal Church in God's Design," in W. A. Visser 't Hooft (ed.), *The First Assembly of the World Council of Churches Held at Amsterdam August 22nd to September 4th, 1948*, London, SCM Press Ltd, 1949, 51-57.

(74) *The Church: A Report of a Theological Commission of the Faith and Order Commission of the World Council of Churches in Preparation for the Third World Conference on Faith and Order to Be Held at Lund, Sweden in 1952*, London, Faith and Order, 1951.

(75) R. N. Flew (ed.), *The Nature of the Church: Papers Presented to the Theological Commission Appointed by the Continuation Committee of the World Conference on Faith and Order*, London, SCM Press, 1952.

(76) *Report of the Third World Conference on Faith and Order, Lund, Sweden: August 15-28, 1952*, London, Faith and Order, 1952, 7-11.

(77) P. C. Rodger and L. Vischer (eds.), *The Fourth World Conference on Faith and Order: Montreal, 1963*, New York, Association Press, 1964, 41-49.

(78) *Christ and the Church: Report of the Theological Commission for the Fourth World Conference on Faith*

and Order, Geneva, WCC, 1963.

(79) W. A. Visser 't Hooft (ed.), *The New Delhi Report: The Third Assembly of the World Council of Churches, 1961*, London, SCM Press, 1962, 116.

(80) D. M. Paton (ed.), *Breaking Barriers: Nairobi 1975 - The Official Report of the Fifth Assembly of the World Council of Churches, Nairobi, 23 November-10 December, 1975*, London-Grand Rapids, SPCK-Eerdmans, 1976, 60.

(81) M. Kinnamon (ed.), *Signs of the Spirit: Official Report Seventh Assembly - Canberra, Australia, 7-20 February 1991*, Geneva-Grand Rapids, WCC-Eerdmans, 1991, 172-174.

(82) L N. Rivera-Pagán (ed.), *God, in your Grace: Official Report of the Ninth Assembly of the World Council of Churches*, Geneva, WCC, 2007, 255-261.

(83) *Baptism, Eucharist and Ministry*, Geneva, WCC, 1982.

(84) 次を参照。*Churches Respond to BEM*, Geneva, WCC, 1986-1988, volumes I-VI.

(85) 次を参照。*Baptism, Eucharist & Ministry, 1982-1990: Report on the Process and Responses*, Geneva, WCC, 1990, 147-151.

(86) 次を参照。Confessing the One Faith: An Ecumenical Explication of the Apostolic Faith as It Is Confessed in the Nicene-Constantinopolitan Creed (381), Faith and Order Paper 153, Geneva-Eugene, WCC-Wipf & Stock, 2010.

(87) 次を参照。*Church and World: The Unity of the Church and the Renewal of Human Community*, Faith and Order Paper 151, Geneva, WCC, 1990.

(88) "Final Document: Entering into Covenant Solidarity for Justice, Peace and the Integrity of Creation," in D. P. Niles (ed.), *Between the Flood and the Rainbow. Interpreting the Conciliar Process of Mutual*

Commitment (Covenant) to Justice, Peace and the Integrity of Creation, Geneva, WCC, 1992, 164-190. 次をも参照。T. F. Best & M. Robra (eds.), *Ecclesiology and Ethics: Ecumenical Ethical Engagement, Moral Formation, and the Nature of the Church*. Geneva, WCC, 1997.

(89) 次を参照。G. Gassmann, "The Nature and Mission of the Church: Ecumenical Perspectives," in T. F. Best (ed.), Faith and Order 1985-1989: *The Commission Meeting at Budapest 1989*, Geneva, WCC, 1990, esp. 202-204, 219.

(90) *The Nature and Purpose of the Church: A Stage on the Way to a Common Statement*, Geneva, WCC, 1998.

(91) T. F. Best and G. Gassmann (eds.), *On the Way to Fuller Koinonia: Official Report of the Fifth World Conference on Faith and Order*, Geneva, WCC, 1994, 243.

(92) *Encyclical Letter Ut Unum Sint of the Holy Father, John Paul II, on Commitment to Ecumenism*, Rome, Libreria Editrice Vaticana, 1995, §89.

(93) *The Nature and Mission of the Church: A Stage on the Way to a Common Statement*, Faith and Order Paper 198, WCC, Geneva, 2005.

(94) 次を参照。John Gibaut (ed.), *Called to Be the One Church: Faith and Order at Crete*, Geneva, WCC, 2012, 147-193.

(95) 前掲書。207-231.

(96) *One Baptism: Towards Mutual Recognition*, Geneva, WCC, 2011.

訳注

〔1〕新共同訳聖書では「一つの」とは訳出されていない。これを参照しつつ、原文の意味を反映させるために、独自に訳出した。

〔2〕Ignatios of Antioch（-110/117）. 教父、アンティオキアの主教〔司教〕。初めて聖餐（Eucharistia）の語を術語として用いたとされている。各地の教会に宛ててギリシア語で書いた七通の書簡が現存している。

〔3〕クレメンス書簡（The Epistle of Clement）。一世紀の終わり頃に、ローマのクレメンスがコリント教会に宛てて書き送った書簡。第一クレメンス書簡とも言われる。

〔4〕Cyril of Jerusalem（315?-386）. エルサレムの主教〔司教〕であり、教会博士、聖人。ニカイア信条の擁護者であったゆえにアリウス派の教会会議によって迫害を受けるが、ユリアヌス帝に呼び戻される。しかし、ウァレンチヌス帝によって流刑となる。のちには、コンスタンチノープル公会議に出席（三八一年）。その主著として、第二部においてはエルサレム信条を説明した教理講義録『カテケーシス』がある。

〔5〕正教会の機密（サクラメント）の一つ。

〔6〕新共同訳聖書では「一つの」とは訳出されていない。これを参照しつつ、原文の意味を反映させるために、独自に訳出した。

〔7〕新共同訳ではヘブ八・一〇ではなく、八・六に「わたしたちの大祭司」とある。

〔8〕訳注〔2〕を参照。

〔9〕Desmond Mpilo Tutu（1931-）. 南部アフリカ聖公会のケープタウン元大主教。アパルトヘイト撤廃運動で活躍した。一九八四年にノーベル平和賞を受賞。

〔10〕Ecumenical Patriarch Bartholomew（1940-）．一九九一年より、コンスタンチノープルのエキュメニカル総主教。エキュメニカル総主教とは、正教会における最高位の称号。
〔11〕Pope John Paul II（1920-2005）．ポーランド出身の第二六四代ローマ教皇。
〔12〕Pope Benedict XVI（1927-）．ドイツ出身の第二六五代ローマ教皇。
〔13〕Brother Roger（1915-2005）．スイス出身。超教派のキリスト教修道会、テゼ共同体の創始者。
〔14〕Canones Apostolorum．使徒（的）カノンとも言われる。四世紀後半頃シリアで編集された教会法令集。叙階、聖職者の義務と責任をはじめ、一般信徒の義務に関しても言及される。
〔15〕John Chrysostomos（347?-407）．コンスタンチノープル大主教〔司教〕、聖人、教会博士。彼の死後、その雄弁をたたえ、「黄金の口」と称された。

解説

西原廉太（立教大学・ＷＣＣ中央委員）

1　はじめに

本書に収載された二つの文書、『いのちに向かって共に――変化する世界情勢における宣教と伝道のあり方』と、『教会――共通のヴィジョンを目指して』は、今後の世界エキュメニカル運動を方向づける、きわめて重要な位置を有しているものである。いずれも二〇一三年一〇月三〇日から一一月八日にかけて、韓国・釜山で開催された「世界教会協議会」(World Council of Churches: WCC) の第一〇回総会において正式に報告されたものであり、ＷＣＣ加盟諸教会は、これらの文書を読み込み、教会として、あるいは各地のエキュメニカル・ネットワークを代表して、応答することが求められている。その意味でも、今般、両文書の日本語版が完成、公開されることを心より喜びたい。多忙な中、翻訳の労をとってくださった、橋本祐樹先生、村瀬義史先生、また翻訳出版への道筋をつけてくださった神田健次先生、出版を快諾いただいたキリスト新聞社の各位には、心よりの感謝を申し上げたい。

『いのちに向かって共に――変化する世界情勢における宣教と伝道のあり方』は、「ＷＣＣ世界宣教伝道委員会」（Commission on World Mission and Evangelism: CWME）が纏めたもので、二一世紀世界宣教論の指針とすることを目標に、これまでの共同研究の蓄積からもたらされた成果である。『教会――共通のヴィジョンを目指して』は、「ＷＣＣ信仰職制委員会」（Faith and Order Commission）が、信仰職制をめぐる歴史的文書である『洗礼・聖餐・職務』（*Baptism, Eucharist and Ministry*）（ＢＥＭ）、いわゆる『リマ文書』以来の世界的なエキュメニズムの進展を集約した、三〇年余に及ぶ信仰職制委員会の働きの集大成である。

2 「ＷＣＣ世界宣教伝道委員会」の歴史的経緯

「ＷＣＣ世界宣教伝道委員会」の源流は、一九一〇年にエジンバラで開催された「世界宣教会議」に遡る。「エジンバラ世界宣教会議」は、欧米を中心とする植民地主義伝道の枠組みを出るものではなかったが、その後、一九二一年に、「国際宣教協議会」（International Missionary Council: IMC）が設立され、以降、世界宣教会議は、ＩＭＣの主導で定期的に開催されることになる。一九二八年の「エルサレム世界宣教会議」では、非キリスト教的コンテキストにおけるキリスト的な生活と思想のあり方をめぐって、一九三八年、「タムバラム世界宣教会議」では、諸宗教間の現実と福音伝道について議論を重ねていく。

第二次世界大戦を経たＷＣＣ発足の前年の一九四七年、「ホイットビー世界宣教会議」が開かれ、「主に従う中での協働」という主題のもと、いわゆる「第三世界の教会の声」に、世界の教会はいかに誠実に耳を傾けるのかが問われ、それまでの欧米中心型宣教に対する厳しい批判がなされた。一九五二年の「ヴィリンゲン世界宣教会議」は、主題として「十字架における宣教」を掲げ、その現代宣教論の基軸となる「神の宣教」論（*missio Dei*）を提示した。「神の宣教」論は、従来の植民地主義的宣教を克服するために、それまでの「神→教会→世界」という宣教的順序を、「神→世界→教会」へと転換するものであり、神は、教会が届いていない地においてもすでに働かれているとし、教会は世界からアジェンダを得るという理解をもたらした。一九五八年の「アクラ世界宣教会議」は、ＩＭＣのＷＣＣへの合流を決定し、一九六一年にニューデリーで開催されたＷＣＣ第三回総会で、ＩＭＣはＷＣＣに統合された。

以降、ＩＭＣはＷＣＣの中に位置づけられ、「世界宣教伝道委員会」（Commission on World Mission and Evangelism: CWME）として、新たな歩みを始めるのである。「ＷＣＣ世界宣教伝道委員会」としての最初の世界会議は、一九六三年にメキシコ・シティで開催され、「六大陸における宣教」という主題のもと、六大陸の教会間交流を基盤とした「世界宣教」（World Mission）の理念を明確に打ち出した。一九七二年から一九七三年と年を跨いで行われた「バンコク世界宣教会議」は、「今日における救い」

という テーマを前面に、宣べ伝えるべき福音とは、ただ個人の魂の救済にのみ関わるのではなく、社会的救済にまで及ぶものであるという包括的な宣教理解を強調した。

一九八〇年の「メルボルン世界宣教会議」は、「主の祈り」から「み国が来ますように」を主題として選び、イエス・キリストの福音とは「貧しい者への福音」であると宣言し、「癒しの共同体」としての教会の意味を明らかにした。一九八九年の「サン・アントニオ世界宣教会議」では、「み心をなさせたまえ——キリストに倣う宣教」との主題のもと、キリスト教と他宗教との関係について議論し、さらには、宣教の主題は人間のみに限定されるのではなく、被造世界全体に及ぶとし、自然生態系そのものも「宣教の対象」であることが初めて明示されたのである。一九九六年の「サルヴァドール世界宣教会議」は、「一つの希望に召されて——多文化における福音」という主題を掲げ、多文化世界においていかにキリスト教の福音を取り扱うのかという、古くて新しいテーマを取り上げた。そして直近の世界宣教会議が、二〇〇五年にアテネで開催され、「来たれ聖霊よ、私たちを癒し、和解させてください——キリストによる和解と癒しの共同体へと召されて」というテーマのもと、今回の『いのちに向かって共に——変化する世界情勢における宣教と伝道のあり方』文書の基礎的理解を提示している。

3 『いのちに向かって共に――変化する世界情勢における宣教と伝道のあり方』が示すもの

『いのちに向かって共に――変化する世界情勢における宣教と伝道のあり方』（*Together Towards Life: Mission and Evangelism in Changing Landscapes*, WCC-Geneva, 2012）は、二〇〇六年に、ブラジル、ポルト・アレグレで開催されたWCC第九回総会以降、WCC世界宣教伝道委員会が集中的に取り組んできた二一世紀における宣教論の果実である。同文書は、二〇一二年にWCC中央委員会で承認され、二〇一三年のWCC第一〇回総会に最終的に報告された。変化する世界情勢において、世界教会の新たな宣教・伝道論を示し、世界エキュメニカル運動の方向性を確認するための基礎資料となることを目ざしている。

『いのちに向かって共に』は、これまで世界宣教伝道委員会が蓄積してきた宣教論が総合されたものであり、「神の宣教」（*missio Dei*）の神学的理念を再度、世界エキュメニカル宣教論の核心へと再設定しようとしているところに大きな特徴がある。「ヴィリンゲン世界宣教会議」が強調していた、「三位一体論的な神の宣教」に改めて焦点が当てられていること、とりわけ聖霊論が基軸とされていることの背景には、間違いなく正教会神学からの影響が見られる。被造世界と宣教の問題は、こうした聖霊論的アプローチによって語られることに注目したい。

他宗教と多文化の関係において、宣教論が展開されるのも本文書の特徴を形成している。ＷＣＣ世界宣教伝道委員会は、一九九〇年代以降、多文化的状況における宣教の可能性と課題についての研究を深め、二〇〇一年九月一一日以降に深刻化した宗教間緊張の中にあって、「諸宗教の人々との対話と関係を深めるために――エキュメニカルな考察」を発表するなど、研究成果を具体的な形で提示してきた。今回の『いのちに向かって共に』も、宗教と文化の複層的な相関関係をめぐる理解が、実践的な課題を意識しながら見事に展開されている。

『いのちに向かって共に』における宣教・伝道論の基調は、二〇〇〇年に公表された『今日の一致における宣教と伝道』を継承するもので、「世界福音同盟」（World Evangelical Alliance: WEA）の伝道論などとの対話も意識しながら、人格的な回心といったテーマも議論されている。二〇一三年のＷＣＣ釜山総会に来賓として招かれたＷＥＡ代表のマイケル・オー師もこの点を大きく評価していた。一方で、『いのちに向かって共に』は、これまで同様、改宗主義型伝道論を厳しく批判し、宗教間対話への積極的なコミットメントの必要性を強調している。

しかしながら、皮肉なことにそのＷＣＣ釜山総会では、このＷＣＣの宣教・伝道論が、一部の韓国キリスト教会から徹底した批判の対象となった。ＷＣＣ第一〇回総会はＷＣＣ史上でも、ある意味特異な総会となったことは否めない。それは、韓国教界があげてＷＣＣ総会を誘致したはずであったのが、蓋を開けてみれば、実に韓国全土のキリスト教会の凡そ七割が、WCC総会に反対であった、という事実である。実際、WCC総会場外では、大小規模のWCC総会反対運動が展開され、身の危険を訴える参加者もいた。主要には、大韓イエス教長老会（合同派）等が中心になって組織されていたようであるが、その主張の主要な論点の一つが、WCCは他宗教との対話を標榜している、というものであった。

WCC第一〇回総会のプレナリー（全体会）で、『いのちに向かって共に――変化する世界情勢における宣教と伝道のあり方』は、満場の拍手でもって受領された。この宣教宣言において示された、「中心」と「周縁」をめぐるリフレクションは、今後のエキュメニカル運動全体に対するチャレンジとなるであろう。一九一〇年のエジンバラ宣教会議以来、宣教をめぐる議論とエキュメニカル運動は、基本的にパラレルな歩みを続けてきた。これからのエキュメニカル運動は、今回の新たなWCC宣教宣言『いのちに向かって共に』が提示した通り、「中心」からではなく、「周縁」から教会と福音を現実的に語っていく、という方向性を基盤とすることになる。また、WCC第一〇回総会は、「宣教と伝道」をめぐる理解と牽引において、WCCは依然として重要な役割を担っていることを、再認識させるものであった。私たちは、宣教をめぐる議論についての貴重な遺産を継承していると共に、伝統の豊かさ、日常的な宣教実践の豊かさを、示し続けてきたからである。

WCC第一〇回総会における「宣教（Mission）についてのプレナリー」では、正教会のジヴァーゼ・コールリス、ＷＣＣ世界宣教伝道委員会議長が、この宣教宣言の中核は、常に、力なき者のために、力ある者によってなされる宣教、貧しき者のために、富める者によってなされる宣教、グローバル・サウスのために、グローバル・ノースによってなされる宣教に対する挑戦にあると言明した。コールリス議長はさらにこう語った。「痛みや戦いという命を拒絶する日々の経験を通して、周縁に置かれた人々は、いのちの神を知っているのである」。「教会は、いのちの周縁において、三位一体なるいのちの神と出会うよう、召されているのである」。この宣言は、一九八二年以降、初めてエキュメニカルに共有された宣教理解でもある。

4 『リマ文書』以降の信仰職制をめぐる論点

ＷＣＣ信仰職制委員会は、『リマ文書』（ＢＥＭ）以降、一九九三年にサンチャゴ・デ・コンポステーラで開催された「第五回信仰職制世界会議」において、リマ・プロセスを振り返り、新たな五領域の共同研究の課題を提示した。

第一に、ＢＥＭ以降の継続的な研究課題であり続けてきた、「エキュメニカルな洗礼論」、ことに、「洗礼の相互承認」の問題である。第二は、「エキュメニカルな教会論」であり、『教会の本質と宣教』（*The Nature and Mission of the Church*）と題されたテキストを基礎的討議資料として継続されてきたテーマである。第三は、エキュメニカルな神学的人間学研究の成果である『神学的人間学についてのキリスト教的視座』（*Christian Perspectives on Theological Anthropology*）において示された領域である。現代世界が直面する困難な諸問題、とりわけ、暴力、貧困、ＨＩＶ／エイズや生命倫理といった課題を、世界の教会は、「*imago Dei* としての人間」という、神学的人間理解の視点から、どのように応答し得るのかという問いが提示されている。第四は、『土の器の中の宝――解釈学におけるエキュメニカルな省察の手がかりに』（*A Treasure in Earthen Vessels: An Instrument for an Ecumenical Reflection on Hermeneutics*）で鮮明に打ち出された、「エキュメニカル解釈学」（ecumenical hermeneutics）の領域である。文化によって信仰表現が異なる問題を、いかに相互に理解し合うことができるかという「異文化間解釈学」の課題でもある。第五は、「人種的・民族的アイデンティティと教会の一致の探求」をめぐる諸問題についてである。

『教会――共通のヴィジョンを目指して』は、以上の五点に亘る信仰職制をめぐる議論を基礎として総合されたエキュメニカル教会論であると言える。世界エキュメニカル運動の信仰職制領域の中での「教会論」の取り扱いについては、一九二七年にローザンヌで開催された「第一回信仰職制世界会議」で「教会の本質」に焦点が当てられ、一九三七年のエジンバラでの「第二回信仰職制世界会議」では、「キリストの教会と神の御言葉」がテーマにされた。一九四八年に、信仰職制委員会としてＷＣＣに合流して以降、最初の世界会議となった、一九五二年、ルンドでの「第三回信仰職制世界会議」は、キリスト論的視座からの教会論に主要な関心があった。一九六三年のモントリオールでの「第四回信仰職制世界会議」では、「神の目的にかなった教会」と題された報告書が纏められている。一九九三年にサンチャゴ・デ・コンポステーラで開かれた「第五回信仰職制世界会議」以降は、ことに正教会の貢献がより大きくなり、初期から信仰職制委員会には正式メンバーであったローマ・カトリック教会の教会論と併せて、重層的な議論が展開されることになる。「第五回信仰職制世界会議」では、「信仰・生活・証しにおけるコイノニアを目指して」というテーマのもと、ニカイア・コンスタンティノポリス信条（三八一年）の歴史的・現代的解明、ＢＥＭに対する諸教会からの応答の分析、教会の一致と人間共同体の革新など、以後の信仰職制的議論の基本軸も示された。

「第五回信仰職制世界会議」以降、一九九五年にモシで開催された「ＷＣＣ信仰職制委員会全体委員会」を経て、一九九八年に『教会の本質と目的』（*The Nature and Purpose of the Church*）が出され、さらに、二〇〇四年にクアラルンプールで開かれた「全体委員会」での協議を踏まえて、二〇〇五年に『教会の本質と宣教』（*The Nature and Mission of the Church*）が公表された。二〇〇九年、クレタでの「全体委員会」、二〇一二年、アルメニアでの「常置委員会」、同年のペナンでの「常置委員会」、そして同年のＷＣＣ中央委員会で承認されたものが、『教会――共通のヴィジョンを目指して』（*The Church: Towards a Common Vision*: TCTCV）である。

5 『教会――共通のヴィジョンを目指して』の意義

『教会――共通のヴィジョンを目指して』(*The Church: Towards a Common Vision*, WCC-Geneva, 2013)の意義は、一九八二年のBEM以降のWCC信仰職制委員会が発表した教会論諸文書を総合したものである、という点にある。さらには教会論と宣教論の交流が随所に見られるのも大変興味深い。ローマ・カトリック教会、正教会、聖公会、プロテスタント諸教派、福音派の一部をも含む、全教会的な広がりを有していることも重要である。

論者は、WCC第一〇回総会中に設定された「エキュメニカル対話」(Ecumenical Conversation)の中で、このWCC信仰職制文書、『教会――共通のヴィジョンを目指して』を取り扱った「エキュメニカル対話02」の議長(Moderator)を任じられた。リーダーシップ・チームは、私以外に、リソース・パーソンとして、長年WCCの信仰職制委員会を担ってきたカトリック神学者のウィリアム・ヘン神父、報告者(Rapporteur)として、「グローバル・クリスチャン・フォーラム」(Global Christian Forum: GCF)総幹事のラリー・ミラー牧師、ギリシア正教会主教のディアヴレイアのガブリエル主教、そしてWCC担当幹事としてオダイル・マテウス氏に委嘱した。結果、有能なリーダーシップ・チームの助力と多数の参加者の豊かな貢献によって、内容豊かな時間を過ごすことができた。

この「エキュメニカル対話」でも、『教会――共通のヴィジョンを目指して』文書が、長年にわたるＷＣＣ信仰職制委員会の議論、研究の集大成であることを確認した。ただ、一方で、ことに信仰職制をめぐるエキュメニカル対話は、現在はＷＣＣ信仰職制部門を中心とする枠組みよりも、個々の二教会間による「教会間対話」を基本とした動きに比重が移動している、ということも明らかになってきている。これは、一九八〇年代までに、『リマ文書』を集約点として、エキュメニカル対話のプラットフォーム的基盤を提供する「エキュメニカル解釈学」という方法論が確立され、以降は、その「エキュメニカル解釈学」を方法論的スタンダードとして、より具体的な職制論的合意を目標とする、「教会間対話」が画期的に進展していったということと理解することができよう。その中で、今後、「ＷＣＣ」という枠組みが果たすことのできる役割はいったい那辺にあるのかが、より問われてくることになろう。

6　おわりに

ハラレで開催されたＷＣＣ第八回総会以降は、正教会の参与をめぐって困難な議論もなされてきた。聖公会も含めたプロテスタント諸教会における近年の女性聖職実現の動き、さらには、同性愛者の聖職叙任、同性婚の祝福などをめぐる議論、共産圏崩壊後のロシア、東欧におけるファンダメンタルな福音派による強引な改宗主義的伝道などの諸要因が、従来から底流にはあった、諸正教会側の西側教会に対する不満を爆発させる結果となったのである。ＷＣＣ第一〇回総会においても、正教会との関係においては、やはり「エキュメニカル解釈学」という方法論が有効であると再確認された。「教会論と倫理」という課題を克服するために、それぞれの伝統や神学、そして文化の違いに十分に耳を傾け合いながら、その異質さと共に在ることによって、全体がさらに豊かにされるのだという確信がある。ＷＣＣなどの出会いと経験を通して、社会正義、信仰職制といった領域で正教会内にも大きな自己変革が起きており、また逆にプロテスタント教会も、正教会のスピリチュアリティに触れることによって、測り知れない影響を受けている、ということである。釜山総会でも様々な場所で、神学的・宣教論的に「聖霊論」を基軸とした三位一体論が強調されたが、これらもまた正教会からの積極的影響として評価して良いであろう。

二〇〇五年にアテネで開催されたＷＣＣ世界宣教会議の中で、サミュエル・コビア、ＷＣＣ前総幹事は、①キリスト教の重心は、もはや北半球にはなく、南半球に移行しており、これまでの宣教論は再考されるべきである、②ヨーロッパ文化から発したキリスト教信仰の表白形態は、もはや世界教会の規範とはならず、ヨーロッパ世界のキリスト教の退潮は、旧来のキリスト教世界こそが、伝道地に他ならないことを意味している、③世界中でペンテコステ派とカリスマ派が急成長している状況に注目すべきであり、こうした胎動、運動とどのような連帯が可能かを模索する必要がある、ことを指摘した。この指摘は、ＷＣＣ第一〇回総会の一方での基調をなしていたとも言える。今後のエキュメニカル運動の大きな主題ともなるはずである。

次回、ＷＣＣ第一一回総会は二〇二一年に開催されることになっている。開催地は、今後の中央委員会で決められる。次回総会までに、そもそものＷＣＣの存在理由、存在意義が、ますます問われることになる。また、日本におけるエキュメニカル運動の弱体化が甚だしい中ではあるが、この間に、日本の教界、日本のエキュメニカル運動が世界に貢献しうることは何か、逆に、世界のエキュメニカル運動から、日本の教会が得られるものは何か、について誠実な議論を開始させていかなければならない。このような議論を展開していく上での基礎的討議資料となるのが、本書に収載された二つの文書、『いのちに向かって共に――変化する世界情勢における宣教と伝道のあり方』と、『教会――共通のヴィジョンを目指して』に他ならない。

ＷＣＣやＮＣＣ加盟教会のみならず、すべての諸教会において、本書が豊かに用いられ、日本というコンテキストからの積極的な応答が生まれることを、切に願うものである。

【監訳者・訳者紹介】

西原廉太

1962年京都生まれ、京都大学工学部卒業、聖公会神学院卒業、立教大学大学院文学研究科組織神学専攻修了。博士（神学）。専門はアングリカニズム（英国宗教改革神学）。現在、立教学院副院長、立教大学元副総長・文学部長、キリスト教学校教育同盟常任理事・関東地区協議会代表理事、聖路加国際大学理事、桜美林学園理事。日本聖公会管区渉外主査、日本聖公会中部教区司祭、世界教会協議会（WCC）中央委員、世界聖公会－世界改革派国際委員会委員、日本キリスト教協議会信仰と職制委員長・常議員。

著書　『聖公会の職制論』（聖公会出版、2013年）、『聖公会が大切にしてきたもの』（聖公会出版、2010年、教文館、2016年）ほか多数。

村瀬義史

1976年愛知県生まれ。名古屋外国語大学外国語学部、関西学院大学神学部、同大学大学院神学研究科で学び、日本基督教団東梅田教会担任教師と活水女子大学文学部教員を経て、現在、関西学院大学総合政策学部教員。日本キリスト教協議会（NCC）信仰と職制委員会委員。日本YMCA同盟学生部委員会委員。研究分野はエキュメニズムと宣教論。

著書　『東アジアの平和と和解――キリスト教・NGO・市民社会の役割』（共著、関西学院大学出版会、2017年）ほか。

論文　「WCCにおける宣教･伝道論の現在――『いのちに向かって共に』を参考に」（日本宣教学会『宣教学ジャーナル』2015年）ほか。

橋本祐樹

1980年宝塚生まれ。関西学院大学神学部卒業、同大学大学院神学研究科博士課程前期課程及び後期課程修了。日本基督教団飫肥教会主任担任教師、神戸栄光教会担任教師、ハイデルベルク大学神学部客員研究員を経て、現在、関西学院大学神学部助教。

著書　『関西学院大学神学部ブックレット１　信徒と牧師』（共著、キリスト新聞社、2008年）。

論文　「実践神学者Ｄ・ボンヘッファーの一断面：牧師研修所の講義に見る牧会の理解」（関西学院大学神学研究会『神学研究』第64号、2017年３月）ほか。

翻訳　Ｔ・ズンダーマイアー「日本のキリスト教美術」（新教出版社『福音と世界』2010年１－６月）ほか。

装丁　桂川　潤

いのちに向かって共に／教会　現代世界エキュメニカル運動における二大重要文書

2017年5月15日　第1版第1刷発行

編　者　世界教会協議会　世界宣教伝道委員会・信仰職制委員会

監訳者　西原廉太

訳　者　村瀬義史・橋本祐樹

発行所　キリスト新聞社

〒162-0814 東京都新宿区新小川町9-1 電話03(5579)2432

URL. http://www.kirishin.com

E-Mail. support@kirishin.com

印刷所　協友印刷株式会社

ISBN978-4-87395-725-8　C0016（日キ販）

Printed in Japan